취업의 틈새시장!
군인공무원

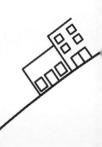

취업의 틈새시장!

공무원이 되는 쉽고 빠른 방법!

군인공무원

김동욱, 정대용 지음

지식공감

군인공무원은 매력적인 직업이다

성공확률이 1%에 불과한 일이 있다. 도전을 준비하는데 1~2년 이 걸리고 1년에 단 한 번의 기회만 주어진다. 실패하면 다시 1년을 기다려야 한다. 당신은 이런 일에 도전하겠는가?

실제로 많은 젊은이들이 불을 보고 달려드는 불나방처럼 이 일에 매달리고 있다. 하지만 100명 가운데 1명만 성공한다. 우리나라 공무원 시험 이야기다.

반면에 경쟁률은 한 자릿수, 시험 준비기간은 3개월, 1년에 여러 차례 시험을 볼 수 있고, 남자와 여자가 별도로 경쟁하고, 급여와 연금도 일반공무원보다 나은 공무원이 있다면 여러분은 도전하겠는가? 나는 도전할 것이다. 여러 면에서 일반공무원보다 낫다는데 어떠한 시험인지 알아는 볼 것이다.

이 책은 공무원 시험의 틈새시장인 군인이라는 공무원에 대한 이야기다. 무조건 공무원이 되고 싶은 사람들이라면 일단 한 번 읽어 보기를 권한다.

고등학교만 졸업해도 살아가는 데 큰 문제가 없던 시절이 있었다. 적당히 공부해도 적당한 직업을 구할 수 있었고, 적당한 사람을 만나 결혼을 하고, 혼자 벌어도 내 집을 마련하고 가정을 꾸리는 데 어려움이 없었다. 좋은 대학은 출세를 보장했으니 대학입시는 인생의 가장 큰 고비였다.

그 사이 시대가 바뀌었다. 대학생활은 토익점수, 어학연수, 공모전, 인턴 등 취업을 위한 준비기간으로 변했다. 4년간 치열하게 준비해도 취업은 여전히 어렵다. 직장을 구하더라도 비정규직이 대부분이고, 월급은 내 통장을 잠시 스쳐 지나갈 뿐이다. 누구를 만나차 한 잔 편히 마시는 것도 부담스러우니 연애는 다른 나라 사람들의 얘기가 되었다. 단군 이래 최대 스펙이라는 요즘 젊은이들은 정말 힘들다.

자녀세대만 그런 것이 아니다. 부모 세대도 우울하기는 마찬가지다. 정년은 짧고 노후는 길어서 인생은 언제 끝날지 모르는 마라톤과 같다. 자녀들의 대학 학비는 큰 부담이다. 대학을 졸업해도 취업이 되질 않으니 자식들을 계속 부양해야 한다. 결혼한다고 해서 반길 일도 아니다. 전셋집이라도 마련해 주려면 그동안 모아두었던 목돈을 모두 내놓을 수밖에 없다. 노후준비는 그다음 문제다. 언제나 내 자식이 먼저니까.

학비문제, 취업문제, 군대문제, 노후문제를 한 방에 해결할 수 있는 방법이 여기 있다. 자녀세대와 부모세대의 고민을 모두 씻어버릴 수 있는 요술 방망이 같은 방법이 있다. 바로 군인공무원이 되는 것이다.

대학을 졸업하지 않아도 좋다. 고등학교 진학만으로도 '군인공무원'이 될 수 있다. 전문대 재학생이라면 학과의 특성을 살려 부사관이 될 수 있다. 대학생이라면 군 장학생 제도에 관심을 가져보자. 선발되기만 하면 국가에서 학비 전액을 지원하고 졸업과 동시에 소위로 임관한다. 학비문제, 군대문제, 취업문제를 한 번에 해결할 수 있는 것이다.

 우리나라에서 공무원 시험의 인기는 하늘을 찌른다. 청년 실업, 비정규직 문제, 길어진 노후에 대한 불안은 공무원 시험에 대한 폭발적인 관심을 낳았다. 취업준비생의 약 40%가 공무원 시험을 준비하고 있다고 한다.
 하지만 공무원은 아무나 되는 게 아니다. 일반 행정직의 경쟁률은 이미 100대 1을 넘었다. 시험과목은 많고, 시험은 어려우니 1~2년은 준비해야 한다. 시험은 1년에 한 번뿐이라 떨어지는 순간 또 1년을 기다려야 한다.

 이 책을 쓴 이유는 단 하나다. 공무원을 꿈꾸는 청년들에게 군인이라는 매력적인 직업을 소개하기 위해서다. 저자가 20년 이상 경험한 군인이란 직업은 매력 덩어리 그 자체다. 세상에 직업이 군인과 공무원만 있다면 나는 다시 태어나도 군인을 선택할 것이다.

　군인도 공무원이다. 군인공무원이 일반공무원보다 좋은 이유는 수없이 많다. 이 책에서 모든 것을 알려줄 것이다. 되기 쉽고, 되고 나서도 좋은 직업이라면 최소한 관심이라도 가져볼 필요가 있다. 밑져야 본전이니까!

　Part 1은 우리나라에서 가장 되기 쉬운 공무원, 군인에 대한 이야기다. 한 자릿수의 경쟁률, 몇 달 만에 끝낼 수 있는 짧은 준비기간, 1년에 수차례 응시할 수 있고 여성들과 경쟁하지 않는다는 점은 일반공무원 시험과 비교할 수 없을 정도로 파격적이다.

　Part 2는 군인이 되고 나면 좋은 점을 일반공무원과 비교하여 설명하였다. 예로부터 공무원들은 박봉(급여가 작다)이라고 했지만, 군인만큼은 예외다. 공무원 중에서도 급여조건이 가장 좋다. 연금 혜택은 일반공무원과 비교가 안 된다. 일반공무원은 65세부터 연금을 받지만, 군인은 20년 이상을 복무하면 제대하는 순간부터 연금을 받는다.

국가가 군인들의 주택문제도 해결해 준다. 매일 1시간씩 운동할 수 있는 시간을 주고 1년에 한 번씩 건강검진도 받는다. 장학금으로 학위를 취득하고 스크린골프 가격으로 골프장을 이용할 수 있다.

Part 3는 군인에 대한 오해와 진실을 다루었다. 모든 군인들이 전방에서 근무할 것 같지만 그렇지 않다. 그보다 더 많은 군인들이 전국 각지에서 근무한다. 특히, 해군과 공군의 주요 기지는 도심에 위치해 있다. 군인이 위험할 것 같지만 보험회사는 군인들의 위험도를 아주 낮게 평가한다.

군대는 작은 사회와 같아서 군인들이 하는 일은 일반 사회와 크게 다르지 않다. 군에도 경찰(헌병)이 있고, 의사(군의관)가 있다. 법원(법무), 건축회사(공병·시설), 통신회사(통신), 마트(보급), 식당(조리),

은행(재정·재무)이 있다. 군인의 세계는 생각보다 넓고 다양하다.

Part 4는 군인공무원이 되는 길을 제시하였다. 중학생이 군인공무원이 되는 길뿐만 아니라, 고등학생이 졸업 후 부사관이 되는 방법도 다루었다. 대학진학을 통한 군인공무원이 되는 방법은 물론, 대학 재학생이 장교와 부사관이 되는 방법도 안내했다. 군 복무 중인 현역군인도 군인공무원이 될 수 있으며, 여군 장교와 부사관이 되는 방법도 수록하였다.

Part 5는 군인공무원으로 성공하기 위한 노하우를 다루었다. 진급을 위한 준비, 군사훈련, 부하관리, 대인관계 등의 노하우를 저자의 경험과 성공한 군인공무원들을 분석하여 다루었다.

이 책은 여러분들이 지금까지 알고 있던 군인에 대한 고정관념을 여지없이 무너뜨릴 것이다. 군인이 최고의 직업은 아니지만 단언컨대

대한민국에서 가장 저평가된 직업 가운데 하나인 것은 분명하다. 취업의 틈새시장 그리고 일반공무원 시험의 대안으로도 손색이 없다.

문재인 정부의 최우선 정책은 청년 일자리 창출이다. 향후 5년간 일반공무원과 군인의 채용 인원도 늘어난다. 그래서 취업 준비생들이 다시 노량진 학원가로 몰리고 있다.

공무원이 되고 싶다면 앞으로 5년을 주목해야 한다. 불나방처럼 모여드는 일반공무원 시험에 올인할 것인가? 아니면 남들이 관심을 가지지 않는 군인공무원에 한번 도전해 볼 것인가? 성공한 사람들은 남들과 다른 길을 선택한 사람들이었다는 사실을 기억하길 바란다.

취업의 돌파구가 필요한 당신에게 이 책을 권한다.

2017년 11월 북한산 아래에서

Contents

PART 01 공무원이 되는 지름길, 군인공무원

PART 02 군인이 일반공무원보다 좋은 이유

PART 05 군인공무원으로 성공하기 위한 노하우

PART 01

공무원이 되는 지름길,
군인공무원

군인도
공무원이다

STEP 01

군인도 공무원일까? 그렇다. 군인은 그 업무가 특수하기 때문에 특정직 공무원으로 분류될 뿐이다. 공무원으로 인기 있는 소방, 경찰, 교사 등도 군인과 같은 특정직 공무원에 속한다. 공무원이기 때문에 군인사법이나 군인연금법에 따라 법에서 정한 정년, 급여, 연금 등을 보장받는다.

공무원이라고 하면 정부 합동청사나 과천 정부청사에 근무하는 공무원이나 교사, 경찰, 소방관 혹은 시청이나 동사무소에 근무하는 사람들이 생각날 것이다. 도청이나 시·군·구청, 읍·면·동 사무소 등에서 근무하는 공무원들은 지방 공무원이다. 그 외에 우리가 알고 있는 대부분의 공무원들은 국가 공무원에 속한다.

공무원으로서의 군인은 여러 가지 장점이 있지만, 그중에서도 군인에 대한 정부의 대우는 매우 특별하다. 군인으로서 20년 이상 근무한 경험을 통해 주위를 살펴보면 군인들의 급여는 생각보다 높은 편이다. 하지만 군인들조차 이 사실을 잘 알지 못하는 사람들이 많다. 군인들에 대한 경제적인 대우가 좋다는 것은 확실한 근거가 있다.

정부는 군인들에 대한 예우 기준을 정립하기 위해 1980년에 군인에 대한 의전예우 기준지침(국무총리훈령)을 만들었다. 이는 정부기관이 주관하는 행사 등에서 현역 군인에 대하여 의전상의 예우를 통일하기 위하여 만들어졌으며 현재까지도 유효한 지침이다. 군인에 대한 의전 예우기준을 살펴보자.

[군인 의전예우 기준]

군 계급	공무원 직급
대령	2급
중령	3급
소령	4급
대위	5급
중위	5급
소위	
준위	6급
원사, 상사	7급
중사	8급
하사	9급

* 출처 : 군인에 대한 의전예우 기준지침(국무총리 훈령)

의전 예우기준을 현재 공무원 직급과 비교하면 대령은 2급, 중령은 3급, 소령은 4급, 대위는 5급, 상사는 7급, 하사는 9급에 준하여 대우한다.

행정고시에 합격하면 5급(사무관)이 된다. 소위로 임관하여 4년이 지나면 대위로 진급하는데 나이로 따지면 만 28세 전후가 된다. 대위가 되기 쉬울까? 행정고시에 합격하는 것이 쉬울까? 대위와 5급의 대우가 유사하다는 것은 정말 파격적이다. 이뿐만이 아니다. 많은 젊은이들이 준비하는 9급 공무원은 하사와 동일하게 대우한다. 실제로 공무원 시험을 준비하는 사람들 중 이런 사실을 알고 있는 경우는 거의 없다.

군인에 대한 의전 예우기준은 단순히 공식행사에서 군인들에 대한 의전상의 예우를 위해 만들어진 것만은 아니다. 군인의 급여와 수당은 군인의 예우기준을 참고하여 정해진 것으로 추측되기 때문이다. 그 근거 중의 하나가 직급보조비다.

[직급보조비 지급표]

군	일반공무원	경찰	소방	월 지급액
대령	2급	치안감	소방감	65만 원
중령	3급	경무관	소방준감	50만 원
소령	4급	총경	소방정	40만 원
대위	5급	경정	소방령	25만 원
준위	–	–	–	18만 원

원사	6급	경감·경위	소방경·소방위	15만5천 원
상사	7급	경사	소방장	14만 원
중위, 소위, 중사	8·9급	경장·순경	소방교·소방사	10만5천 원
하사	10급	–	–	9만5천 원

* 출처 : 공무원 수당 등에 관한 규정(대통령령)

　직급보조비는 군인과 공무원에게 공통적으로 지급하는 수당 중의 하나다. 이 직급보조비를 비교해보면 군인과 공무원에 대한 대우 수준을 직접적으로 확인할 수 있다. 직급보조비 지급표를 보면 대령은 2급, 중령은 3급, 소령은 4급, 대위는 5급, 원사는 6급, 상사는 7급, 중사는 8급에 해당하는 직급보조비를 지급한다. 군인에 대한 의전예우 기준과 동일하게 직급보조비를 지급한다.

　다만 차이가 있다면 소위와 중위의 경우 8·9급, 하사는 10급에 해당하는 직급보조비를 받는 것뿐이다. 이 부분은 나름대로의 이유가 있다. 소위나 중위, 하사의 경우 대부분 군인이 된 지 3년 미만인 군인들이다. 이들은 의무복무 기간 중에 있기 때문에 직급보조비에서 예우기준과 일부 차이가 있는 것으로 추측된다.

　군인의 직급보조비를 경찰 공무원과 비교해보면 그 결과는 더욱 놀랍다. 소령이 총경과 동일한 직급보조비를 받기 때문이다. 지역마다 있는 경찰서의 가장 높은 사람이 경찰서장인데, 바로 이 경찰서장의 계급이 총경이다. 소령과 경찰서장이 동일한 직급보조비를 받는다는 사실이 놀랍지 않은가?

군인에 대한 국가의 대우는 여러분들이 생각하는 일반공무원이나 경찰, 소방 공무원 그 이상이다. 이는 정부에서 정한 기준이다. 군인에 대한 정부의 대우(급여, 수당, 연금 등)는 공무원 중에서도 단연 최고 수준이라고 할 만하다.

공무원이 되고 싶은가? 그렇다면 군인공무원에도 관심을 가져볼 만하다.

군대문제, 학비문제, 취업문제를 한방에!

우리나라의 대학 등록금은 매우 비싼 편이다. 2016년 기준 4년제 대학교의 한 학기 평균 등록금은 668만 원이다. 물가상승률을 제외하고도 4년간 총 5,344만 원이나 된다.

학자금 대출을 받는다면 얼마 동안 갚아야 할까? 10년 동안 상환한다고 가정했을 때 매년 534만 원, 매월 약 45만 원을 갚아야한다. 물론 이자는 별도다. 취업도 어려운 시대에 월 45만 원은 결코 작은 금액이 아니다.

자녀의 대학 등록금은 단순히 교육 지출로만 끝나는 것이 아니라 부모의 노후 대책과 연결된다. 부모 입장에선 자녀의 대학 학자금을 부담하자니 본인들의 노후가 불안해지고, 학자금 대출을 받자니 부채를 안고 사회에 첫발을 내딛을 자녀의 앞날이 걱정되는것이 지금 우리나라의 현실이다.

자녀 또한 이 사실을 알기에 마음이 편치 않다. 더욱이 대한민국 남자라면 피해갈 수 없는 군대문제는 그 부담을 더한다. 대학생활 도중 2년 동안 군대에 다녀오면 그 기간 동안 학업이 중단되고 이는 취업준비와도 연결되니 군대문제는 굉장한 부담으로 다가올 수밖에 없다.

비싼 대학등록금, 2년간의 군 생활, 전역 후 취업문제까지 어느 하나 만만한 게 없는 것이 현실이다.

그렇다고 포기하고만 있을 수 없다. 부담으로 느껴지는 '군대'를 반대로 잘 활용하면 이 3가지 문제를 한꺼번에 해결할 수 있다. 바로 군 장학생과 부사관이다.

먼저 군 장학생 제도를 알아보자. 군 장학생이란 대학교 재학생으로서 군에서 시행하는 전형에 합격하여 선발된 사람을 말한다. 대학 장학생으로 선발되면 학년에 따라 장학금을 지급 받으며 공부할 수 있고 졸업과 동시에 장교(소위)로 임관한다.

1학년 때 군 장학생으로 선발되면 4년간 장학금을 지급받고, 2학년 때 선발되면 3년간 장학금을 받는다. 의무복무기간은 장학금 수혜기간 만큼 연장된다. 현재 군 인사법상 단기장교의 복무기간은 3년이다. 1학년 때 군 장학생으로 선발되어 4년간 장학금을 받았다면 총 복무기간은 7년(장교 의무복무 기간 3년 + 장학금 수혜기간 4년)이된다. 2학년 때 선발된 사람은 복무기간이 6년이 되는 셈이다. 학군사관후보생(ROTC)이 군 장학생으로 선발되면 ROTC 복무기간에 장학금 수혜기간 만큼 복무를 하게 된다. 내 돈 한 푼 들이지 않고 대학 공부를 공짜로 할 수 있는 방법이 군 장학생 제도이다.

복무기간이 늘어나는데 무슨 이득이냐고 되물을 수 있다. 하지만 잘 생각해보자. 신체가 건강한 남자라면 의무적으로 군대를 가야 한다. 병의 의무복무 기간은 육군과 해병대는 21개월, 해군은 23개월, 공군은 24개월이다. 군대 가기 전·후의 휴학기간을 고려하면 군대문제로 최소한 2년간의 공백이 생긴다. 병으로 군대를 마칠 경우 2년간의 공백과 4년간 총 5,344만 원의 학자금을 부담해야 하고, 전역 후 취업을 걱정해야 한다.

군 장학생으로 4년간 등록금을 지원받고 군에서 7년을 복무한다고 가정해보자. 4년 동안 등록금 전액(5,344만 원)을 면제받는다. 졸업과 동시에 소위로 임관한다. 이때부터 공무원으로서 월급을 받게 된다. 그리고 장교로서 해당 병과(보병, 포병 등)를 선택하여 7년 동안 지식을 습득한다. 여러분들이 사회로 복귀하는 시간은 언제일까? 정상적으로 대학을 졸업한 사람의 연령은 만 23세다. 여기에 7년을 더해도 만 30세에 불과하다.

소위로 임관하여 7년 동안 군 생활을 할 경우 혜택을 살펴보자.

첫째, 급여를 통한 저축이 가능하다. 2015년 국방부에서 발행한 국방통계 연보에 따르면 소위의 평균 연봉은 2,657만 원, 중위는 2,905만 원, 대위는 4,755만 원이다. 7년 동안 근무 한다면 소위 1년, 중위 2년, 대위로 4년을 근무하게 된다. 소위 1년간 2,657만 원, 중위 2년간 평균 2,800만 원, 대위 4년간 평균 3,800만 원을 받는다고 가정하면 총 7년 동안 받는 급여 총액은 2억 3,457만 원이다. 최소한 급여의 30%는 저축이 가능할 것이다. 30%를 저축한다면 7년간 총 7,037만 원이 된다. 병으로 복무하는 것과 비교해보면 4년간 학자금 5,344만 원과 7년간의 저축액 7,037만 원을 더하면 총 1억 2,381만 원의 경제적인 이득이 생긴다. 물론 여기에 7년 동안의 이자와 퇴직금까지 포함한다면 금액 차이는 더 커진다.

둘째, 7년 동안 군인 연금을 납부하게 된다. 군인연금은 20년 이상 복무 시 연금 수령이 가능하지만 전역 후 국민연금과 연계할 경우 합산 20년 동안만 연금을 납부하면 국민연금 수급권자가 된다. 군에서 7년간 복무하고 사회에서 13년만 국민연금을 납부한다면 국민연금 수급권자가 되는 것이다. 고령화 시대에 이는 엄청난 금전적인 혜택이다.

셋째, 취업에 오히려 유리하다. 군에서의 7년간의 경력을 인정받을 수 있다. 최근 신입사원의 높은 이직률이 기업들 내에서 큰 문제로 인식되고 있으며, 그로 인해 경력 사원을 선호하는 현상이 두드러지고 있기 때문이다.

그렇다면 7년 동안 근무하고 전역한 대위는 기업에서 경력을 인정받을 수 있을까? 3년을 복무하고 전역한 장교라면 의무 복무 기간에 해당하기 때문에 군대 경력을 인정받기가 쉽지 않겠지만, 7년

이란 시간은 다르다. 7년이란 시간은 하나의 직업영역에서 활동했던 경력으로 인정받기에 충분한 시간이기 때문이다. 일반적으로 7년의 군 생활 가운데 절반 이상을 대위로 보내게 되는데, 이는 곧 중대장의 직책을 수행한다는 것을 의미한다. 1개 중대가 100명 정도의 병력이라면 여러분들은 이미 100명의 직원을 거느린 리더로서의 경험을 3년 이상 하고 전역한 자원이라는 의미다. 이는 경험과 역량이 일반 신입사원과는 다르다는 것을 뜻한다. 신입사원 공채가 아니라 경력직 공채 대상이 되는 것이다.

여기에 군 생활 동안 석사학위까지 취득한다면 그야말로 금상첨화다. 현재 국방부와 협약을 체결한 다수의 대학들이 있으며, 이들 대학은 군인들에게 약 50% 정도의 학비를 지원한다. 협약을 체결하지 않은 대학이라 할지라도 군인이라면 일정 수준의 학비가 지원되는 것이 일반적이다. 조금만 노력한다면 여러분들은 전역과 동시에 현금 7천만 원과 대위 계급장, 그리고 석사 학위증을 가지게 될 것이다.

이는 장교만 가능한 이야기가 아니다. 부사관으로 입대해도 마찬가지다. 부사관은 고등학교 졸업 후, 즉 만 18세부터 지원이 가능하다. 부사관의 복무기간은 4년이지만 1~4년간 복무연장이 가능하며 경력을 쌓기 위해 7년 이상 복무하는 것도 충분히 고려할 만하다. 그렇다면 앞의 사례와 같이 총 7년간을 부사관으로 복무한다고 가정을 해보자. 진급을 하지 않고 하사로 복무한 것으로 가정한다.

2015년 기준 하사의 평균 연봉은 2,384만 원이다. 총 7년 동안 급여 총액은 1억 6,688만 원이다. 30%를 저축한다고 가정하면 약 5,000만 원의 돈을 모을 수 있다. 7년 후 나이는 만 26세에 불과하다. 전문대를 졸업 후 입대한다 하더라도 28세쯤이 된다.

또한 하사로 복무하는 동안 학사학위를 취득하게 된다면 그 시간적, 경제적 이득은 이루 말할 수 없다. 사이버 대학도 좋고 학점은행제를 통한 독학사 취득도 좋다. 이렇게 7년간의 부사관 생활을 마친다면 경력 7년 차의 경력직에 더불어 학사 학위, 그리고 수천만 원의 목돈을 가지고 사회생활을 시작할 수 있다.

너무 허황된 얘기로 들리는가? 결코 그렇지 않다. 전역할 시간이 정해져 있는 장교나 부사관은 목표만 명확하다면 그 이상의 성과도 올릴 수 있다. 7년의 시간 동안 석사학위에 도전할 수도 있고 50% 이상의 저축도 가능하다. 대부분 미혼일 가능성이 높기 때문에 충분히 목표를 달성할 수 있다.

2년간 학업과 경력이 중단되는 의무복무 군인으로 군 생활을 할 것인가? 아니면 학비문제, 군대문제, 취업문제를 한 방에 해결할 수 있는 부사관이나 장교로 근무할 것인가? 답은 이미 여러분들이 알고 있다.

3개월이면
시험 준비 끝!

　3개월 만에 9급 공무원 시험에 합격한 사람이 있다면 그 사람은 천재일 가능성이 높다. 3개월 만에 군인 시험에 합격한 사람이 있다면 그 사람은 지극히 평범한 사람이다.

　공무원 시험 전문 학원인 공단기에 따르면, 공무원 시험 준비생들의 평균 시험 준비 기간은 약 18개월이다. 이는 준비할 과목이 많은 것도 있지만, 시험의 난이도가 생각보다 높기 때문이다. 그러나 군인공무원 시험은 3달 정도면 필기시험 준비를 끝낼 수 있다. 시험 준비기간에 있어서 군인공무원은 다른 공무원에 비해 굉장히 짧다.

　그렇다면 군인공무원의 시험 준비기간이 짧은 이유는 뭘까?

　첫째, 시험과목에서 차이가 있다. 9급 공무원 시험의 경우 시험과목은 모두 5과목이다. 국어, 영어, 한국사가 필수과목이다. 나머지 2과목은 수학, 과학, 사회, 행정학개론, 행정법총론 중에서 선택한다. 시험과목만 봐도 머리가 아프다. 7급 시험의 과목들을 보면 머리가 더 아프다. 7급 시험과목은 모두 7과목인데 국어, 영어, 한국사 외에도 헌법, 행정법, 행정학, 경제학을 공부해야 한다. 저자의 능력으로는 2년을 준비해도 모자랄 것 같다. 일단 법(法)은 용어부터 매우 어렵기 때문에 그만큼 진입장벽이 높다.

그렇다면 군인공무원의 필기시험 과목은 어떨까? 9급에 해당하는 부사관 시험 과목을 살펴보면 육군의 경우 1교시에는 지적능력 평가와 국사, 총 2과목을 평가한다. 지적능력 평가는 공간능력, 언어능력, 자료해석, 지각속도를 평가하는데 일반적인 상식과 약간의 교육만 받으면 어렵지 않게 해결할 수 있는 문제 위주로 구성된다.

2교시에는 직무성격 검사와 상황판단 검사가 진행된다. 사실상 필기시험은 1교시에 끝난다고 봐도 무방하다. 실제로 출제되는 문제 중 숫자를 여러 개 나열한 뒤(예: 38495043727384959) 그중에서 특정 숫자가 몇 번이나 나오는지 선택하는 문제도 있다.

장교의 경우에도 부사관과 크게 다르지 않다. 학군사관 후보생(ROTC) 선발시험을 살펴보면 그 내용이 부사관 시험과 거의 유사하다. 시험과목은 지적능력평가와 국사, 자질·상황판단능력 평가, 인성검사로 나뉘는데 사실싱 필기시험은 지적능력 평가와 국사 2과목이다. 시험은 그리 어렵지 않다. ROTC 필기시험을 준비하는데 한 달이면 충분하다는 학생들도 많다.

시험 준비기간이 짧은 두 번째 이유는 영어과목이 아예 없거

31

나 비중이 작기 때문이다. 공무원 시험에는 영어가 필수과목이지만 군인공무원 시험의 경우 영어가 필수과목인 경우는 해군 장교, 해·공군 부사관 시험뿐이다. 육군 장교와 육군 부사관 선발시험의 경우 영어는 시험과목에 포함되지 않는다. 토익 등의 성적이 일정 점수를 넘으면 가점을 부여하는 정도이다. 영어 시험 준비에 대한 부담이 일반공무원 시험에 비해 아주 낮거나 없는 수준이다.

여기서 군인공무원의 한 가지 특급 비밀을 공개하겠다. 단 한 시간의 필기시험 준비도 필요 없는 경우도 있다면 믿겠는가? 서류전형만으로 평가하는 경우가 있다. 선발 분야와 관련된 자격증이나 경력이 있는 경우에 필기시험을 면제하고 서류만으로 선발하기도 한다.

2017년 하반기에 선발하는 제258기 해군 부사관 후보생(남녀) 모집 계획을 살펴보면 특별전형 제도가 있다. 전탐, 음탐, 추기, 정보통신 관련 자격이나 경력을 보유한 지원자에 대해서는 특별전형을 통해 필기시험을 면제하고 서류심사와 면접으로만 선발한다고 공고하고 있다.

보다 세부적으로 살펴보면 다음의 표와 같다.

[해군 부사관 제258기 특별전형 지원자격]

계열	지원자격
전탐	전탐 부사관·병 전역자 항해사 5급이상 소지자

음탐	해군 음탐 부사관·전탐병 전역자
	항해사 5급이상 소지자
	음향/전자 관련 국가기술자격증 산업기사 이상 소지자
	(R/TV, 라디오텔레비전, 전자, 전자기기, 음향영상기기, 전자계산기, 전자계산기제어, 디지털제어, 전자계산기조직응용, 정보기술, 메카트로닉스, 생산자동화, 전자회로설계, 정보기계설비, 전기, 정보통신, 정보통신설비, 통신설비, 전기기기)
추기	해군 추기 부사관·병 전역자 또는 기관사 5급 이상 소지자
	내연/내기 등 기관 관련 국가기술자격증 산업기사 이상 소지자
	(고압가스·공조 냉동기계, 냉동기계, 항공/자동차 기관정비, 보일러, 자동차정비/검사, 보일러, 열·에너지 관리, 가스, 고압가스, 가스용접, 고압가스기계, 고압가스화학, 용접, 전기·가스 용접, 메카트로닉스, 누설·방사선·와전류·자기·초음파·침투 비파괴검사, 배관/배관설비, 생산자동화, 원동기시공/취급, 건설기계/정비, 중기검사/정비, 수질환경)
정통 (사이버 분야)	IT 국제공인자격증 소지자
	ICT 역량지수(TOPCIT) 정기평가 300점 이상 획득자
	프로그래밍 또는 사이버 관련 경연대회 수상경력자
	정보보호/해킹대회 입상자(국제 10위, 국내 3위 이내)
	정보보호 프로그램 개발 및 입상 경험자
	프로그램 개발 프로젝트 또는 실무경력(6개월 이상)

　시험 준비 기간이 짧다는 것은 그만큼 시험 준비에 소요되는 에너지를 절약할 수 있다는 것을 의미한다. 무엇보다도 경제적인 부분이 매우 크다. 조선일보에 따르면(2016.7.22.) 9급 공무원 시험을 준비하는데 드는 비용은 월 100만 원 내외로 조사되었다. 학원·인터넷 강의를 듣는 비용이 월 29만9000원, 독서실 등록비는 월 12만~15만 원, 고시촌 식당에서 한 달 치 식권을 끊으면 18만~20만 원 정도가 든다. 여기에 지방에서 서울로 올라와 자취하는 경우엔 월세 부담도 늘어난다.

2평짜리 노량진 고시원 월세는 30만~40만 원이고, 조금 더 널찍하거나 햇빛이 드는 방은 40만~50만 원 수준이다. 이 모든 것을 합치면 어림잡아 한 달에 90만 원에서 115만 원이 들어간다.

9급 공무원 평균 준비기간이 18개월인 것을 생각하면 평균 1,800만 원의 비용이 발생하는 것이다. 3개월과 18개월은 비용으로만 따져도 무려 1,500만 원의 차이가 발생한다.

공무원 시험 가운데 3개월 만에 필기시험 준비를 끝낼 수 있는 시험은 사실상 군인시험밖에 없다. 장교, 부사관 전문 입시학원에서는 한결같이 3개월을 강조한다. 그만큼 준비기간이 짧다는 것이다. 거기에 특별전형 제도까지 갖추고 있으니 이 얼마나 좋은 공무원 시험인가. 영어가 부담되는가? 시험 준비를 빨리 마치고 싶은가? 자격증을 가지고 있는가? 그렇다면 군인공무원의 문을 두드려 보길 바란다. 기회는 시도하는 자에게 온다.

1년에 11번의
시험기회가 있다

STEP 04

매년 11월이면 대학수학능력평가, 일명 '수능'이 있다. 한동안 평년 기온을 유지하던 날씨도 수능 날만 되면 유독 추워져 '수능추위'라는 말이 생길 정도다. 경찰차나 경찰 오토바이를 타고 시험장 정문에 내려 고사장으로 급히 뛰어가는 수험생들을 다룬 뉴스도 매년 빠지지 않는다. 비행기 이착륙 시간까지 조정되는, 전 세계에서 유래를 찾아보기 힘든 이 수능시험. 그동안 공부해 온 모든 것을 단 한 번의 시험으로 평가받아야 하는 이 잔인한 시험은 다시 도전하려면 꼬박 1년을 기다려야 한다.

학생들에게 수능이 있다면 중장년들에겐 공인중개사 시험이 있다. 요즘 많은 인기를 끌고 있는 공인중개사시험은 1차 시험과 2차 시험을 같은 날에 치르다 보니 합격하는 것은 여간 어려운 일이 아니다. 그래서 시험을 보는 첫해에는 1차를 목표로 준비하고 그다음 해에는 2차 시험을 준비하는 경우를 많이 볼 수 있다. 시험이 일

35

년에 단 한 차례만 있다 보니 떨어지면 다시 1년을 기다려야 한다.

그런 면에서 일반공무원 시험도 위에 언급한 두 시험과 많이 닮았다. 5급, 7급, 9급 국가 공무원 시험은 일 년에 단 한 차례 실시된다. 수험생들은 엄청난 부담을 안고 시험에 임할 수밖에 없다. 시험에 떨어진다면 체력적, 정신적 부담은 말할 것도 없고 금전적인 손실은 더욱더 큰 문제다. 공무원 시험을 준비하는데 월평균 100만 원이 발생한다고 가정하면, 1년이면 1,200만 원의 비용이 발생하는 것이다.

반대로, 군 생활을 하다 보면 육군이나 해군 또는 공군 장교 시험에 동시에 합격하여 그중 한 곳을 선택해서 임관한 군인들을 자주 만나보게 된다. 부사관의 경우도 크게 다르지 않다. 육군 부사관 시험을 비롯하여 해군이나 공군 부사관 시험에도 도전하는 사람들이 많다. 그렇다면 군인은 왜 같은 공무원이면서도 일반공무원과 상황이 이렇게 다른 것일까? 그 이유는 바로 연간 수차례 주어지는 선발기회 때문이다.

지금부터 연간 진행되는 군 선발시험에 대해 알아보자. 해군에서 공고한 2017년 부사관 선발시험은 총 4차례다. 분기별 1회씩 시험 볼 기회가 생기는 것이다. 육군이나 공군 부사관의 경우도 이와 다르지 않다. 육군 민간 부사관 시험의 경우 2017년에 총 4회(여군은 2회)가 있고, 공군 부사관 시험의 경우 총 3회. 부사관 시험 전체로 보면 일 년 동안 총 11회의 시험이 있다(여군 부사관의 경우 총 5~6번의 시험 기회가 있음).

장교도 크게 다르지 않다. 학사장교의 경우 군별로 일 년에 1~2차례 정도의 시험 기회가 있다. 해군이나 공군의 경우 연간 2회, 육군 학사장교의 경우 연간 1회 선발한다. 일 년간 총 5번의 시험 기회가 있는 것이다. 일 년 동안 단 한 번 시험을 보는 일반공무원 시험과는 느낌이 상당히 다르다.

일반공무원 시험을 준비하다가 경찰 공무원이나 소방 공무원 시험으로 전환하는 것은 생각보다 쉽지 않다. 일부 과목이 중복되기는 하지만 시험과목도 다를뿐더러 시험 성격 자체도 매우 다르기 때문이다.

하지만 군인공무원 시험의 경우는 군이 다르더라도 지원이 가능하다.

첫 번째 이유는 시험과목이 거의 동일하기 때문이다. 대부분의 필기시험은 국어, 한국사, 간부선발을 위한 시험 등 총 3과목이 기본이다. 장교나 해·공군 부사관 시험의 경우 여기에 영어가 포함된다. 시험과목이 유사하기 때문에 동시에 여러 군데 지원이 가능한 것이다.

두 번째 이유는 시험 준비 기간이 짧기 때문이다. 연간 시험일정은 미리 정해져서 공고가 되고 필기시험 준비기간은 3개월 정도면 충분하기 때문에 군을 달리하여 지원하더라도 준비하는데 그리 오랜 시간이 걸리지 않는다.

일반공무원 시험에 비해 경쟁률도 낮으면서 시험기회까지 여러 번 주어진다면 그만큼 합격할 확률은 높아진다. 이처럼 매력적인 공무원 시험은 우리나라에 없다. 군인공무원에 조금이라도 관심이 있는가? 그렇다면 지금 당장 준비해도 늦지 않다!

경쟁률은 한 자릿수

2017년 시험을 마지막으로 사법고시가 역사 속으로 사라졌다. 사법고시의 메카인 신림동 학원가도 빠르게 변하고 있다. 법학 학원 자리에 공무원 시험 학원이 들어왔고, 서점에는 법률 서적 대신 행정학이나 회계학 서적들이 그 자리를 차지하고 있다.

취업난이 심해짐에 따라 고3 수험생들까지 노량진 학원가를 찾고 있다. 대학을 나와도 일자리 구하는 것이 어렵다 보니 조금이라도 더 일찍 준비해서 공무원 시험을 보는 것이 나을 것 같다는 생각에서다. 최근 문재인 정부의 공공부문 일자리 확대 공약에 따라 노량진 학원가를 찾는 신규 공시족은 더 늘어날 것으로 예상된다.

지금 대한민국엔 공무원 시험 열풍이 불고 있다. 현대경제연구원에 따르면 공무원 시험을 준비하는 청년은 2011년 18만5천 명에서 2016년 25만7천 명으로 38.9%(7만2천 명)나 증가했다. 청년(15~29세) 취업 준비생 65만여 명 가운데 40%에 가까운 25만여 명이 공무원 시험을 준비하고 있다는 조사결과는 충격적이다. 수많은 취업 준비생이 공무원 시험에 매달리면서 사회적으로도 연간 17조 1,429억 원의 손실이 발생하고 있다고 한다.

이렇게 수많은 청년들이 뛰어들고 있는 공무원 시험의 경쟁률은 얼마일까? 2016년도 국가공무원 9급 시험의 경쟁률은 약 53대 1(접수인원 기준)이다. 이 가운데 가장 많은 사람들이 지원하는 9급 일반행정직의 경우 114대 1을 기록했다.

7급 공무원 시험도 이와 다르지 않다. 2015년 7급 국가공무원 시험의 전체 경쟁률은 77대 1이었다. 진입장벽이 낮다고 평가받는 일반 행정직의 경우 112대 1을 기록했다. 공무원 시험에서 100대 1의 경쟁률은 기본이 되어버렸다.

그렇다면 군인공무원 시험의 경쟁률은 얼마나 될까? 먼저 경쟁률이 가장 높다는 사관학교 경쟁률은 2017년 기준 육사의 경우 32.8대 1, 해사 39대 1, 공사 38.6대 1이다. 간호사관학교는 50대 1의 경쟁률을 기록했다. 일반공무원 시험에 비해 현저히 낮은 경쟁률이다. 이 중 육사, 해사, 공사는 모집인원의 10%를 여자생도로 선발하고 있어 여성의 경우 남성에 비해 경쟁률이 2배 정도 높다고 하지만 충분히 전략지원이 가능한 수준이다.

[2017년 사관학교 경쟁률]

구분	전체 경쟁률	남자 경쟁률	여자 경쟁률
육군사관학교	32.8 : 1	27.1 : 1	85.3 : 1
해군사관학교	39 : 1	33.6 : 1	87.7 : 1

공군사관학교	38.6 : 1	33 : 1	90.4 : 1
간호사관학교	50 : 1	62 : 1	48.8 : 1

* 출처 : 각종 신문 및 인터넷 보도자료 분석

　대학 2년 수료자 이상이 지원할 수 있는 2년제의 육군3사관학교의 경쟁률은 평균 4.5대 1이며, 남자 경쟁률은 3.4대 1, 여자 생도는 2014년부터 20명으로 한정하여 선발하고 있는데 25.6대 1 경쟁률을 보이고 있다.

　국방부가 발표한 학군사관후보생(ROTC)과 학사사관후보생 경쟁률은 평균 5~6대 1 수준이다. 2016년 국방부 국방통계연보에 따르면 장교후보생들의 경쟁률이 지속적으로 상승하고 있다는 것을 알 수가 있다.

[2015년 장교후보생 경쟁률]

구분	2011	2012	2013	2014	2015
전체	3.0:1	3.4:1	4.1:1	4.5:1	5.1:1
학군사관 후보생	3.3:1	3.2:1	3.5:1	4.4:1	4.8:1
학사사관 후보생	2.3:1	3.7:1	6.2:1	4.6:1	5.8:1
기타	2.9:1	3.7:1	5.4:1	5.6:1	5.8:1

* 출처 : 국방부, 2016년 국방통계연보, 90~91쪽

대표적인 장교 임관 코스인 학군사관후보생(ROTC)의 경우 2015년 경쟁률은 4.8대 1이었다. 약 4천 명을 선발하는데 2만 명 정도가 지원을 했다. 학교별로 선발하기 때문에 학교마다 경쟁률이 다르지만, 공무원 시험 경쟁률인 100대 1과는 비교가 안 되는 수치다.

대학을 졸업하고 시험을 보는 학사사관 후보생의 경쟁률도 5.8대 1 수준이다. 2015년 11월 임관한 해군 학사장교(OCS) 119기의 경우 남자 6대 1, 여자 28대 1의 경쟁률을 보였다. 본 통계자료를 바탕으로 판단해보면 장교가 되어 군인공무원이 되는 것이 7급 공무원이 되는 것보다는 몇 배나 수월한 것이 사실이다.

부사관 시험에 대한 정확한 경쟁률은 국방부에서 발표하지 않기 때문에 확인하긴 어렵지만 장교 후보생의 경쟁률과 크게 다르지 않을 것으로 추정된다. 과거 국방부의 자료에 따르면 육·해·공군 남자 부사관 경쟁률은 2011년 2.6대 1, 2015년 7대 1이었다고 한다. 여자 부사관의 경쟁률은 2016년 기준 10대 1이었다.

육군은 2015년에 부사관 6,800명을 선발했는데 총 2만4천 명이 지원해 평균 경쟁률이 3.5대 1이었다. 해군 부사관 시험의 최근 경쟁률에 대해서는 알려진 바가 없으나 관련 학원의 의견을 빌리면 5대 1 수준으로 추정된다고 한다.

실제로 2010년 실시된 제228기 해군 부사관 필기시험의 경쟁률은 응시인원 대비 남자 3.3대 1, 여자는 9대 1이었다. 공군의 경우에도 크게 다르지 않은 것으로 추측되므로 여군을 제외한 장교나 부사관 시험의 경쟁률은 대체로 한 자릿수라는 결론이 나온다. 7·9급 공무원 시험에 비하면 10분의 1 수준에 불과하다.

앞서 말했듯이 하사는 9급 공무원의 대우를 받고 소위는 7급 공무원 대우를 받는다. 소위는 3~4년 후에는 대위가 되는데 대위는 5급 공무원과 동등한 대우를 보장받는다. 대학 졸업 후 소위로 임관했다고 가정하면 27세에 5급 공무원의 대우를 받게 되는 것이다.

그러나 군인공무원이 이 정도의 대우를 받는다는 사실을 제대로 알고 있는 공시생은 많지 않다. 군인은 경쟁률도 낮고, 급여도 높고, 빨리 취업할 수 있는 등 일반공무원보다 유리한 부분이 훨씬 많다. 군대를 몰랐다면 공무원 시험을 준비하겠지만, 군인공무원에 대해 정확히 알고 있다면 2~3년씩 일반공무원 시험에 목을 맬 필요가 없다. 정보를 가진 사람들만이 웃으면서 조용히 준비하는 것이 군인공무원 시험이다.

영어시험이 필요 없다

우리나라에서 태어난 이상 국어보다 더 잘해야 하는 것이 있으니 그것은 바로 '영어'라는 녀석이다. 초등학교 때부터 의무교육으로 악연을 맺은 이 '영어'라는 녀석은 중학교, 고등학교에서도 가장 많은 수업시간이 배정되어 학생들을 괴롭힌다. 수능 시험은 말할 것도 없고 입사 시험에도 웬만해선 빠지지 않는 단골손님이다.

이 악연은 공무원 시험까지 이어진다. 5급 공무원 시험을 비롯하여 7급과 9급 공무원 시험에서 영어는 필수과목에 포함된다.

기업의 체감 정년은 점점 짧아지고 고용은 점점 불안정해지는 저성장 시대에 접어들면서, 안정적인 직장을 원하는 청년들이 늘어남에 따라 공무원 시험 응시자는 매년 큰 폭으로 늘어나고 있는 추세다. 일명 '철밥통'으로 불리는 공무원은 경제 상황과 무관하게 정년까지 고용이 보장되기 때문에 불확실성이 높은 시대일수록 더욱 매력적인 직업으로 느껴지는 법이다.

그런데 매년 증가하던 공무원 시험 응시자 수에 큰 변화가 생겼다. 지난 2017년 6월 29일, 7급 일반공무원 시험 응시원서 접수를 마감하였는데 응시자 수가 크게 줄었다. 7급 공무원 지원자 수가 4만 8,361명으로 작년보다 무려 27.5%나 감소한 것이다. 날로 인기를 더하고 있는 공무원 시험에서 응시자 수가 이렇게 줄어든 이유가 뭘까? 그것도 큰 폭으로.

답은 바로 영어 시험에 있다. 2016년까지 7급 공무원 영어시험은 다른 필기시험 과목과 함께 시험을 봤지만, 2017년 시험부터 공인 성적서를 제출하도록 변경된 것이다. 영어 과목 시험을 대체하여 토익(TOEIC), 토플(TOEFL), 텝스(TEPS), FLEX 등의 시험을 사전에 보고 성적 증명서를 제출하도록 하자 응시자 수가 큰 폭으로 감소한 것이다.

이러한 응시자 수의 감소는 영어 필기시험에 비하여 토익이나 토플 등의 시험이 준비하기에 더 까다롭다는 것을 의미한다. 7급 일반 행정직의 경우 커트라인은 다음과 같다.

[7급 공무원 시험 영어성적 커트라인]

시험명	토플			토익	텝스	G-TELP	FLEX
	PBT	CBT	IBT				
일반직	530	197	71	700	625	65	625
외무 영사직	567	227	86	790	700	77	700

토익은 700점, 텝스는 625점이 커트라인이다. 외무 영사직의 경우 이보다 더 높은데 토익 790점, 텝스 700점이다. 토익과 텝스 시

험을 본 사람은 알겠지만 700점과 625점은 결코 쉬운 점수가 아니다. 공무원 시험 지원자 수가 줄었다는 것은 그만큼 영어에 대한 벽이 높다는 것을 의미한다.

영어 시험이 공인 성적서 제출로 변경되었다는 것은 시험이 어려워졌다는 것 외에도 또 다른 의미를 가진다. 첫 번째, 학원비용이 발생한다. 일반적으로 공인영어시험을 준비하려면 학원을 통한 수강이 필수적이다. 토익이나 텝스와 같은 시험을 제한된 시간 내에 모두 푼다는 것은 쉬운 일이 아니다. 그만큼 시험의 '스킬'이 필요한 것이 오늘날의 영어시험이고, 영어 학원은 바로 그런 '스킬'을 배울 수 있는 거의 유일한 곳이다. 모르는 문제를 찍는 방법마저도 찍는 '스킬'이 있다 보니 이러한 학원비용의 발생은 현실적으로 피해갈 수 없다.

두 번째, 영어시험 응시료 부분이다. 공무원 시험 준비자의 90%는 토익 시험을 준비한다는 이야기가 있을 만큼 공인영어시험은 공시생의 필수 스펙이다. 토익시험의 응시료는 4만 8,900원으로 7급 공무원 시험 응시료인 7,000원보다 무려 7배나 높다. 한 번에 커트라인을 통과하지 못한다면 응시료 부담은 더 늘어날 수밖에 없다.

하지만 그리 낙담할 필요는 없다. 영어시험 없이도 공무원이 될 수 있는 방법이 있다. 바로 군인공무원이다. 부사관 가운데 가장 많은 인원을 선발하는 육군 부사관 시험의 경우 영어시험 자체가 없다.

육군 부사관 필기 시험과목은 언어논리, 자료해석, 지각속도, 공간능력, 근현대사로 총 다섯 과목이다. 전체적인 난이도는 고등학교 1~2학년 수준으로 준비하는 데 부담이 없다. 또한 영어시험도 보지 않기 때문에 3개월 정도만 준비해도 충분하다는 소리가 나오는 것이다.

대표적인 장교 양성과정인 학군사관 후보생(ROTC) 선발시험도 마찬가지다. ROTC는 대학 1·2학년을 대상으로 매년 학교별로 선발하는데, 시험과목은 지적능력 평가와 국사, 자질·상황판단능력 평가, 인성검사가 있다. 지적능력 평가는 공간능력, 언어, 자료해석, 지각속도 등을 평가하는 것으로서 가장 배점 비중이 높다. 육군 부사관과 마찬가지로 영어 시험은 없다.

영어에 대한 부담감을 가지고 있는가? 하지만 공무원이 되고 싶은가? 군인공무원이 여러분을 기다리고 있다.

남자와 여자는
경쟁상대가 아니다

STEP 07

　우리나라의 여성인구의 비율은 해마다 증가하고 있는데, 2017년 6월 기준으로 우리나라의 총인구 5,173만 2천여 명 중 여성 인구는 2,589만 5천여 명으로 이미 전체 인구의 절반을 넘어섰다. '딸 바보'라는 말은 있어도 '아들 바보'라는 말은 없듯이 남아보다 여아를 더 선호하는 현상도 두드러져 여성인구 비율의 증가는 더욱 가속화될 것으로 전망된다.

　이러한 현상과 더불어 공무원 시험에서도 여성 합격자의 비율이 증가하고 있다. 2016년 공무원 시험에 합격한 여성의 비율은 외무고시가 70.7%로 합격자 10명 중 7명이 여성이었으며 5급 공무원 시험의 경우 여성 합격자가 41.4%, 7급은 41.7%, 9급은 57.6%를 기록했다.

　단순히 숫자로 볼 때 여성의 공무원 시험 합격률이 특별히 높다고 할 순 없지만, 지난 15년간 통계를 살펴보면 여성 합격자 비율이 매우 빠르게 증가하고 있다는 것을 확인할 수 있다.

2000년도만 하더라도 5급, 외무고시, 사법시험, 7급 공무원 시험에서 여성 합격자 비율은 20%대에 불과했다. 하지만 2016년 외무고시에서 여성 합격자는 70.7%까지 증가했고 7급 시험의 경우 2000년 16.6%에서 2016년 41.7%까지 급상승했다. 9급 공무원 시험도 2000년 37.4%에서 57.6%까지 대폭 늘었다. 공무원 시험에서 남성들의 설 자리가 점점 좁아지고 있는 것이다.

[공무원 채용시험 여성 합격자 비율]

(단위 : %)

구분	5급 공채시험	외무고시	사법시험	7급	9급
2000	25.1	20.0	18.9	16.6	37.4
2005	44.0	52.6	32.3	27.7	44.9
2010	47.7	60.0	41.5	37.0	43.3
2015	48.2	64.9	38.6	39.9	52.6
2016	41.4	70.7	36.7	41.7	57.6

자료 : 행정자치부, 「행정자치통계연보」 각년도, 사이버고시센터(www.gosi.kr), 법무부 (www.moj.go.kr)

교원 시험에서는 이러한 현상이 더 극심해져서 2016년 현재 초등학교 교사 가운데 77%가 여성이다. 중학교는 교사의 68.8%가 여성이다. 고등학교의 경우 2000년도에는 여성 교사가 29.7%에 불과했으나 2016년도에는 50.8%까지 증가했다.

지금 추세라면 학교에서 남자 선생님을 찾는 것은 더더욱 힘들

49

것으로 예상된다. 실제로 2017년 신규 임용된 부산의 초등학교 남자교사의 비율이 처음으로 10%대로 떨어졌다고 한다. 10명 중 1명만 남성이라는 의미다. 공무원 시험이나 교원 시험에서 남자보다 여자가 더 강세를 보이고 있음은 너무나 명확하다.

[학교별 여자 교사 비율]

(단위 : %)

	전체	초등학교	중학교	고등학교
2000	47.5	66.4	57.6	29.7
2005	52.8	71.0	62.3	38.1
2010	56.7	75.1	65.7	44.3
2011	57.6	75.8	66.8	46.2
2012	58.0	76.2	67.3	47.3
2013	58.3	76.6	67.5	48.1
2014	58.7	76.7	67.9	48.9
2015	59.3	76.9	68.6	50.1
2016	59.6	77.0	68.8	50.8

자료 : 교육부·한국교육개발원, 「교육통계연보」

과거 공무원 시험에서 여성들은 약자에 속했다. 정부가 1996년에 도입한 여성채용 목표제를 보면 알 수 있다. 여성채용 목표제는 공무원 시험 때 여성 응시자들을 일정 비율 이상 합격시키도록 의무화한 제도를 말한다. 1996년 도입 후 여성 할당 비율을 조금씩 확대하여 1999년부터는 모든 공무원 공개 채용시험에서 합격자의

20%를 여성에게 할당하도록 하였다.

2006년부터는 양성평등 채용 목표제를 도입하여 5급, 7급 및 9급 공무원 채용시험에서 남녀 관계없이 한쪽 성이 70%를 초과하지 않도록 제도화하였다. 이처럼 한때 공무원 시험에서 약자였던 여성들은 이제 양성평등 채용 목표제가 무색할 정도로 공무원 시험에서 강자로 변신했다.

그 결과 20016년 기준 9급 공무원 시험 합격자 중 과반을 훌쩍 넘긴 57.6%가 여성에 이를 정도로 여성들은 시험에서 남자보다 강한 모습을 보이고 있다. 군 가산점 제도의 폐지 이후 여성들의 공무원 진출이 더욱 가속화된 것으로 보인다.

그러나 공무원을 희망하는 남자들이 실망하기에는 아직 이르다. 유일하게 남성들을 우대하는 공무원 시장이 있으니 바로 군인공무원 시험이다. 육·해·공군 사관학교를 비롯하여 ROTC, 부사관 시험 등에서 여성을 선발하는 비율은 최대 10%를 넘지 않는다. 90% 이상을 남자로 선발하기 때문에 남자에게 절대적으로 유리한 시험이다.

대부분의 직책에서 힘을 필요로 하는 군대의 특성상 군인을 선발할 때는 남성들에게 상대적으로 많은 인원이 할당된다. 여성들의 경우 선발인원이 적다 보니 경쟁률이 상대적으로 높아서 사관학교의 경우 남자 생도의 경쟁률에 비해 여자 생도의 경쟁률은 2배 이상이다. 이는 부사관 시험에서도 마찬가지다. 남자 부사관의 경쟁률에 비해 여자 부사관의 경쟁률은 훨씬 높다. 따라서 아직까지 군인공무원 선발시험만큼 남자에게 유리한 공무원 시험은 대한민국에 없다. 남자들이여, 공무원이 되고 싶은가? 그럼 진지하게 군인공무원 시험을 고민해보기를 바란다.

군인은 효자가 될 수밖에 없다

　우리나라에서 자녀 1명을 낳아서 대학을 졸업할 때까지 양육하려면 얼마의 돈이 필요할까? NH투자증권 100세 시대 연구소에 따르면 2017년 기준 자녀 양육비는 최대 4억 원인 것으로 조사됐다. 사교육을 전혀 받지 않은 경우에는 자녀 1인당 최소 9천만 원이 들지만, 이는 현실적으로 불가능에 가깝다는 것을 우리 모두가 너무나 잘 알고 있다.

　자녀 양육비 가운데 가장 큰 부분을 차지하는 것은 사교육비와 대학 등록금이다. 그 끝을 알 수 없는 사교육비와 평균 5,300만 원에 달하는 4년제 대학 등록금은 아이를 키우는 부모들의 가장 큰 근심거리다.

　1980년대 같은 고도 성장기에는 대학 졸업과 관계없이 대부분 취직이 가능했고, 직장에서 적당히만 일해도 먹고사는 데 큰 문제가 없었다. 임금 인상률도 높아서 맞벌이 부부는 드물었고 1명의 소득만으로도 자녀를 키우고 주택을 마련하는 것이 가능했다. 하지만 저성장 시대로 접어들면서 취업은 점점 힘들어 지고 물가는 상승하는 반면 임금은 제자리걸음을 반복했다. 게다가 사교육비에 대학 등록금까지 부담이 늘면서 맞벌이를 해도 집을 사고 자녀를 키우는 데 큰 어려움을 겪고 있다.

이처럼 자녀들이 스스로 경제력을 갖추는 데 어려움을 겪게 되면서 부모를 부양한다는 전통적인 가치관을 기대할 수 없는 상황이 되었고, 노후문제까지 스스로 해결해야 한다는 큰 부담을 지게된 것이 지금의 부모세대이다.

국민연금이라고 해봐야 용돈 수준에 불과하고 기초 노령연금과 더해도 노후에 생활하는 데는 턱없이 모자란다. 사실상 은퇴 이전에 자신들의 노후를 준비해야 한다는 것인데 만만치가 않다. 일부를 제외하고는 사실상 대책이 없다고 보아야 할 것이다.

현실이 이렇다 보니 요즘 부모 세대를 보고 '낀 세대'라고 부른다. 자신들은 나이 든 부모를 부양하고 있지만 자식들이 제때 독립하지 못하고 어려움을 겪다 보니 정작 자신들은 자식들의 부양을 받지 못할 가능성이 높기 때문이다.

이런 상황에서 자식들이 군 장학생이나 부사관으로 입대하여 7년간 근무한다고 생각해보라. 부모 입장에서는 커다란 짐을 덜 수 있다. 그들이 입대한다는 것은 곧 공무원이 된다는 것이고, 보다 직접적으로는 경제적으로 독립한다는 것을 의미한다. 지금부터 경제적 이득을 따져보자.

첫째, 대학등록금이 절약된다. 2016년 기준 4년제 대학의 평균 등록금이 4년간 총 5,344만 원에 달한다. 그러나 군 장학생으로 선발되면 4년간 이 금액을 절약할 수 있다.

둘째, 생활비가 절약된다. 취업 전이라면 최소한 한 달에 20~30만 원의 용돈과 자식들을 위한 식료품비, 의류비 등 여러 가지 비용을 지출해야 하는데 이를 합하면 어림잡아도 50만 원 이상의 지출이 발생한다. 대략 1년에 600만 원인 셈인데 군 복무 기간을 7년이라 가정하면 부모는 최소 4,200만 원의 비용 부담을 덜게 된다. 등록금과 생활비 절약분만 합쳐도 9,544만 원이나 되니 군인은 부모에게 큰 효도를 하는 셈이다.

기업 정년이 갈수록 짧아지는 상황에서 경제활동이 가능한 나이에 노후 준비를 마친다는 것은 혼자만의 힘으로는 쉽지 않다. 안정적으로 노후를 보내기 위해선 부모의 노력도 중요하지만 그런 환경을 자녀들이 함께 만들어 가야 한다.

무조건 군인공무원이 돼야 효도를 할 수 있다는 것이 아니다. 군인공무원이 아니라도 군 장학생이나 부사관으로 입대하여 7년 정도만 근무해보라. 부모 입장에서는 등록금과 생활비를 절약하여 노후를 대비할 수 있고 자녀의 입장에서는 최고로 안정적인 직장에서 7년 간 경력을 쌓으며 목돈을 모을 수 있는 기회를 가질 수 있다. 결국 가야만 하는 군대라면 현명하게 가야 하지 않을까?

PART 02

군인이 일반공무원보다
좋은 이유

STEP 01

군인의
급여는 얼마일까?

1980년대까지만 하더라도 공무원은 낮은 급여 때문에 그다지 인기 있는 직업이 아니었다. 그 당시에는 직업 선택 기준에서 '안정성'은 큰 고려대상이 아니었고, 일반 회사의 급여가 공무원보다 훨씬 많았다. 그러나 시대가 변했다. 20대도 명예퇴직을 한다는 지금, 법적으로 고용을 보장받는 공무원은 취업 준비생들이 최고로 선호하는 직업이 되었다.

지금도 급여가 많은 것은 아니지만 '안정성'이라는 최고의 장점으로 상쇄하고도 남는 것이 지금의 공무원이다.

그런데 정말 모든 공무원이 박봉일까? 결론부터 말하자면 군인들의 급여는 공무원 중에서도 단연 으뜸이다. 나는 경리장교 출신이다. 공무원들의 급여에 관심이 많고 군인의 월급 수준을 잘 알고 있다.

2008년 정부 부서에서 공무원들과 같이 근무할 때 있었던 일이다. 당시 해군 대령이 팀장이었고, 나를 포함한 해군 소령 2명을 제외하고는 4급에서 8급까지의 공무원들이었다. 해군 소령의 나이는 35세와 36세, 팀의 주축인 5급 사무관 3명의 평균 나이는 정년을 몇 년 앞둔 55세 정도였던 것으로 기억된다. 그 가운데 숫자에 밝은 8급 여성 공무원이 있었는데 월급에 관한 얘기가 나오자 대뜸 이렇게 말하는 것이었다.

"우리 팀에서 팀장님과 서기관(4급)님을 제외하고 가장 월급을 많이 받는 사람들이 소령분들이에요."

사실이 그랬다. 공무원으로 30년 가까이 근무한 5급 사무관들의 급여가 근속연수 13년에 불과한 35살 소령의 급여보다 적었기 때문이다. 나는 평소에 그러한 사실을 알고 있었기 때문에 놀라지 않았지만 공무원들은 매우 의아해하는 눈치였다. 혹시나 하는 마음에 사무관들의 봉급표를 슬쩍 보았다. 결론은 내 생각과 다르지 않았다. 군인들 가운데 많은 수가 이 같은 사실을 잘 모르고 있다. 다른 공무원들의 급여와 자신의 급여를 비교해본 적이 없기 때문이다.

군인의 급여가 공무원보다 많은 이유는 군 임무의 특수성을 고려한 것이다. 국민의 재산과 생명을 보호하는 군인들의 목숨값인 것이다.

그렇다면 군인과 공무원의 급여는 얼마나 될까? 공무원과 군인의 봉급표를 살펴보자. 봉급표상의 금액은 기본급으로서 월 급여를 지급할 때 기준이 되는 금액이다. 기본급에서 일정 비율로 상여

금 등이 지급되므로 기본급이 높다는 것은 총 급여가 높다는 것을
의미한다. 동일한 비교를 위해 10호봉을 기준으로 했다.

　군인들에 대한 예우기준을 정립하기 위해 정부는 군인에 대한 의
전예우 기준지침을 만들었다는 것을 1장에서 소개하였다. 의전 예
우기준에 따르면 대령은 2급, 중령은 3급, 소령은 4급, 상사는 7급,
하사는 9급에 준하는 대우를 받는다. 따라서 대령과 2급, 중령과 3
급, 소령과 4급, 상사와 7급, 하사와 9급의 월급을 비교해 보았다.
　현재 사용되고 있는 군인과 공무원 봉급표를 비교하는 것은 의
미가 없다. 기본급 구조가 서로 다르기 때문이다. 공무원의 경우
2011년부터 수당으로 받던 가계지원비와 교통보조비가 기본급에
포함된 반면, 군인들의 경우 지금도 수당으로 지급되고 있다. 그래
서 공무원과 군인의 급여를 비교하기 위해서는 2010년도 봉급표를
사용하여야 한다.

[2010년 공무원과 군인의 기본급 비교]

(금액단위: 만원)

공무원 (10호봉)	2급	3급	4급	5급	6급	7급	8급	9급
	294	265	236	210	178	160	143	82
군인 (10호봉)	대령	중령	소령	대위	원사	상사	중사	하사
	317	290	249	208	238	176	148	83

* 소위와 중위는 3호봉이 최고 호봉이라 본 표에서 제외함
* 9급과 하사는 1호봉 기준임

    2010년 기준, 군인과 공무원의 10호봉 기본급을 보면 소령·중령·대령의 경우 공무원의 4급·3급·2급보다 많다. 상사는 7급보다 높고 하사도 9급보다 조금 높다. 대위가 5급보다 조금 낮은 것을 제외하고는 군인의 기본급이 일반공무원보다 높다.

    전반적으로 군인 예우 기준과 크게 다르지 않다는 것을 확인할 수 있다. 부사관 중 최고 계급인 원사의 급여가 6급에 비해 월등히 높다는 것도 눈에 띈다. 그래서 소령의 월급이 5급 사무관의 월급보다 많은 것이다.

    군인의 급여를 세부적으로 살펴보자. 국방부에서 발표한 2014년 장병 1인당 급여 지급현황을 보면 16년 동안 근무한 소령의 경우 연봉이 6,646만 원이고, 19년 동안 근무한 상사의 경우 연봉이 5,524만 원이라는 의미다.

[2014년 장병 1인당 급여지급 현황]

계급	평균 호봉	근무 연수	연봉	월 급여
대령	18	29	9,781만 원	815만 원
중령	16	24	8,636만 원	719만 원
소령	11	16	6,646만 원	553만 원
대위	5	7	4,570만 원	380만 원
중위	2	2	2,785만 원	232만 원
소위	2	1	2,549만 원	212만 원
준위	28	27	7,368만 원	614만 원

원사	15	27	6,974만 원	581만 원
상사	15	19	5,524만 원	460만 원
중사	8	9	3,927만 원	327만 원
하사	3	2	2,178만 원	181만 원

* 출처, 국방부 2014년 통계연보

군인의 장점 가운데 하나는 대부분 일찍 군인의 길을 걷는다는 것이다. 부사관의 경우 고등학교를 졸업하자마자 하사로 임관하는 경우가 많다. 19년간 근무한 상사의 연봉이 5,524만 원이므로 고등학교를 졸업(만 19세) 후 바로 군인이 되었다면 5,524만 원이란 금액은 만 38세에 받는 금액이 되는 것이다.

장교의 경우 대부분 사관학교나 대학교 졸업과 동시에 소위로 임관한다. 정상적으로 만 23세에 임관한다고 가정할 경우(본 저자는 만 22세에 소위로 임관하였다) 16년 군 생활을 한 소령은 만 39세가 되고, 위 표에 의하면 이때 받는 연봉이 6,646만 원이다.

이번에는 일반 기업과 비교해보자. 만 41세의 해군 소령이었던 나의 2015년 연봉은 7천만 원이 넘었다. 2016년에 온라인 취업포털 사람인(www.saramin.co.kr)은 국내 100대 기업의 직원 평균 연봉을 7,741만 원으로 발표했다. 매출액 상위 100대 기업 중 금융감독원 전자공시시스템에 사업보고서를 제출한 기업(80개 사)의 직원 연봉을 분석한 결과다. 해군 소령의 연봉은 대기업에 비해 결코 뒤지지 않는 수준이라는 것을 알 수 있다.

고용노동부에서 실시한 「사업체 노동력 조사」에 따르면 상용 근로자 5인 이상 사업체에 종사하는 근로자의 월 임금 총액은 337만 원(연봉으로 환산하면 4,044만 원)이다. 근로자들의 평균 연령은 40.4세로 소령 월급과 많은 차이가 난다.

[5인 이상 사업체 종사자의 월 임금]

구 분	2011	2012	2013	2014
근로자 평균 나이	39.6세	39.9	40.5	40.4
월 임금총액	311만 원	317만 원	329만 원	337만 원

군인들과 다른 직업군의 급여를 비교할 때 고려해야 할 것이 하나 있다. 군인들에게는 연금이라는 엄청난 혜택이 있기 때문이다. 군인들은 20년간 근무 후 전역하는 순간부터 군인연금을 받는다. 군인연금의 혜택을 반영해서 군인의 급여 혜택을 다시 계산해 보자.

나는 1973년생이다. 1973년생 근로자가 국민연금에 가입했다면 65세부터 연금을 수령한다. 하지만 나는 2016년 3월부터 군인연금을 받고 있다. 다른 근로자는 65세부터 받는 연금을 42세부터 받고 있는 것이다.

군에서 근무했다는 이유만으로 남들은 65세가 되어야 받는 연금을 42세에 받고 있다. 42세가 65세가 되려면 23년이 걸린다. 23년간 내가 받는 혜택은 얼마일까?

연금으로 매월 184만 원(세금공제 후 금액)을 받는다. 연봉으로 환산하면 2,200만 원(세후 금액)이 넘는다. 물가상승률을 적용하지 않고 65세까지 받는 금액은 세금공제 후 5억 원이 넘는다. 정확하게는 5억 784만 원(184만 원×12개월×23년)이다.

20년간 군 복무한 대가로 일반 근로 소득자에 비하여 세후 5억 원 이상의 소득을 더 올리는 것이다. 어떤 직업이 군인의 급여 혜택을 따라올 수 있을까? 내가 생각하기에 우리나라에서 근로 소득자 가운데 군인의 급여를 따라올 직업은 많지 않다.

자료를 통해 군인과 대기업 직원의 경제적인 혜택 비교해보자. 군인(장교)과 대기업 직원이 20년간 근무했을 때 이들이 받는 경제적인 대가는 총 얼마일까?

소위의 평균 연봉은 2,549만 원(2014년 기준)이다. 대기업 신입사원의 평균연봉은 3,880만 원(2017년 상반기 기준)이다. 3년 정도의 시간 차이가 있지만 그대로 적용하기로 한다. 장교의 경우 대부분이 대학 졸업 후 바로 임관하기 때문에 만 23세를 출발점으로 했고, 신입사원은 군 복무기간을 고려하여 만 26세에 입사하는 것으로 가정하였다.

두 사람이 20년간 군인(장교)과 대기업 사원으로 근무했을 때 받는 경제적인 혜택을 정리하면 아래의 표와 같다. 물가상승률은 매년 5%를 적용하였다.

[20년간 근무했을 때 장교와 대기업 사원의 경제적인 혜택 비교]

(단위 : 만 원)

구 분	군인	대기업	차이
23세	2,549	–	2,549
24세	2,676	–	2,6/6
25세	2,810	–	2,810
26세	2,951	3,880	-929
27세	3,099	4,074	-975
28세	3,254	4,278	-1,024
29세	3,417	4,492	-1,075
30세	3,588	4,717	-1,129
31세	3,767	4,953	-1,186
32세	3,955	5,201	-1,246
33세	4,153	5,461	-1,308
34세	4,361	5,734	-1,373
35세	4,579	6,021	-1,442
36세	4,808	6,322	-1,514
37세	5,048	6,638	-1,590
38세	5,300	6,970	-1,670
39세	5,565	7,319	-1,754
40세	5,843	7,685	-1,842
41세	6,135	8,069	-1,934
42세	6,442	8,472	-2,030
43세	6,764	8,896	-2,132
20년간 소계	91,064	109,182	-18,118
44세~65세	39,600	–	39,600

66세~87세	41,400	28,980	12,420
총계	172,064	138,162	33,902

20년간 근무했을 때 군인의 총 급여는 9억 1,064만 원, 대기업은 10억 9,182만 원으로 회사원이 1억 8,118만 원을 더 받는다. 하지만 그 이후에 주목해야 한다. 군인의 경우 20년 근무 후 전역과 동시에 연금을 받는다. 하지만 회사원은 65세가 되어야만 국민연금이 나온다. 따라서 군인의 경우 44세부터 65세까지 만 22년간 연금을 받는다. 현재 물가수준을 감안하여 매월 150만 원을 받는다고 가정하면 22년간 총 3억 9,600만 원(150×12개월×22년)을 받는다.

여기서 끝이 아니다. 군인연금은 국민연금보다 많다. 회사원이 65세에 받는 국민연금을 군인연금(150만 원)의 70% 수준이라고 가정하면 군인의 경우 66세부터 87세(남자의 평균 수명)까지 23년간 4억 1,400만 원(150×12개월×23년)을 받는 반면 대기업 회사원은 2억 8,980만 원을 받는다.

20년간 장교와 대기업 직원으로 근무했을 때 생애 전체를 기준으로 받는 혜택은 군인이 총 17억 2,064만 원, 대기업 직원이 총 13억 8,162만 원이다. 군인이 대기업 직원보다 24.5%나 많은 3억 3,902만 원을 더 받는다. 100세 시대를 가정하면 이 차이는 더 커질 것이다.

군인 연금, 공무원 연금보다 좋다

100세 시대가 코앞까지 다가왔다. 평균 수명이 빠르게 늘어나면서 은퇴 후의 인생설계가 그 무엇보다 중요한 시대가 됐다. 더 오래 살 수 있다는 건 분명 좋은 일이지만 노후에 소득이 없다면 재앙이나 마찬가지다. 최근 들어 연금이 각광받는 이유다. 일정 수준 이상의 연금소득이 있는 사람들이라면 편안하게 노후를 즐기며 제2의 인생을 설계할 수 있다. 이러한 연금 중 가장 안정적인 것이 바로 '공적연금'이다.

공무원 연금, 군인연금, 사학연금, 국민연금 등을 공적연금이라고 하는데, 공적연금이란 국가가 연금의 운영 주체가 되는 연금을 말한다.

공적연금이 좋은 첫 번째 이유는 노후에 든든한 생활자금이 될수 있다는 점이다. 물론 국민연금도 공적연금이기는 하나 금액적인 부분에서 차이가 있다.

두 번째 이유는 국가가 연금을 안전하게 보장한다는 것이다. 국가부도가 나지 않는 이상 공적연금의 지급이 끊길 가능성은 거의 없다.

공적연금이 좋은 세 번째 이유는 매년 소비자 물가 상승률만큼 연금이 인상된다는 점이다. 그렇기 때문에 연금의 가치는 시간이 지나도 크게 훼손되지 않는다.

이처럼 공적연금은 보험회사나 은행의 연금 상품이 가지지 못한 장점들을 두루 가지고 있다. 따라서 가능하다면 공적연금을 준비하여 노후를 대비하는 것이 바람직하다.

그렇다면 이러한 공적연금 중에서도 가장 가치가 높은 연금은 무엇일까? 놀랍게도 군인연금이 그 주인공이다. 군인연금의 가치가 뛰어난 이유는 첫째, 군인연금이 공무원연금보다 지급액이 더 많기 때문이다. 연금액을 결정하는 방식은 복잡하지만 이를 간소화하면 다음과 같다.

> 월 연금액 = 전 재직기간 평균 월 소득 × 지급률

먼저 월 소득부터 살펴보자. 당연한 이야기지만 평균 월 소득이 많으면 연금도 많다. 군인은 공무원 중에서도 급여가 많은 편에 속하기 때문에 재직기간이 같다면 전 재직기간 평균 월 소득이 공무원에 비해 많다. 또한 지급률은 통상 근속년수에 따라 결정되는데 공무원 연금은 공무원연금법에 따르고 군인 연금은 군인연금법에

따른다. 이 두 가지 개념을 이해하기 위해 예시를 통해 살펴보도록
하자.

 군인과 공무원이 33년을 근무한다고 가정했을 때 군인의 연금 지
급률은 62.7%, 공무원은 56.1%다(2015년 국방부 군인연금 통계, p.160).
공무원과 군인의 전 재직기간 평균 월 소득이 300만 원으로 같고,
이들이 33년을 근무했다고 가정할 때 군인 연금은 188만1천 원을
지급하고, 공무원 연금은 168만3천 원을 지급한다. 군인 연금이 공
무원 연금보다 19만8천 원 더 많다는 계산이 나온다. 11.8%의 차이
가 나는 것이다.

 또한 모든 조건이 같다고 하더라도 공무원 연금과 군인 연금은
차이가 있다. 공무원 연금, 사학연금 등 다른 공적연금은 기본적으
로 정년(60~65세) 이후 퇴직한 공무원들의 노후를 위한 사회 보험
적, 생계 보장적 성격이지만 군인연금의 경우 목숨을 담보로 항상
긴장태세를 갖춰야 하는 특수한 근무환경 속에서 복무하는 등 국
가를 위한 희생 등을 감안한 국가 보상적 성격이다. 아울러 생애
최대 지출기(45~56세)에 전역하는 점을 감안한 생계 보장적 성격이
강하다

 이를 종합해보면 군인연금은 노후보장 외에도 군인이라는 특수
한 위치에서 국가에 대한 그동안의 노력과 수고를 연금을 통해 일
정부분 되돌려주는, 즉 지급액이 높을 수밖에 없는 특성을 가지고

있다.

군인 연금이 공무원 연금에 비해 좋은 두 번째 이유는 본인이 납부하는 기여금이 작다는 점이다. 공적연금은 본인이 절반을 납부하고(이를 기여금이라 한다), 국가가 절반을 부담하여(이를 부담금이라 한다) 연금기금을 조성하고 이를 바탕으로 연금을 지급한다. 군인연금의 경우 본인 기여금은 월 소득의 7%지만 공무원의 경우 2017년 현재 기여금이 8.25%다. 공무원 본인 기여금은 2020년 이후 9%까지 상향될 예정이므로 그 차이는 더욱 커질 것으로 예상된다. 이러한 부분까지 살펴본다면 군인연금의 실질적인 연금액은 더욱 크다고 볼 수 있다.

군인연금이 공무원 연금보다 좋은 세 번째 이유는 연금을 일찍 지급한다는 것이다. 군인의 경우 군에서 19년 6개월 이상을 복무한 경우 20년 이상 복무한 것으로 간주하여 군인연금 지급대상이 된다. 최소한 20년을 복무해야 하는 조건이 있지만 20년 이상 복무 후 전역하는 다음 달부터 연금이 지급된다.

공무원의 경우 10년만 근무하면 연금 지급대상이 되지만 60세 이후부터 연금이 지급된다. 1996년 이후 공무원으로 임용된 사람이 2033년 이후 퇴직할 경우 65세부터 연금이 지급된다. 이는 실제로 엄청난 차이다.

[일반공무원 연금 지급 개시 연령]

구 분	연령
2016~2021년 퇴직자	60세
2022~2023년 퇴직자	61세
2024~2026년 퇴직자	62세
2027~2029년 퇴직자	63세
2030~2032년 퇴직자	64세
2033년 이후 퇴직자	65세

공무원 정년이 만 60세이고, 공무원 연금이 만 65세부터 지급되므로 퇴직 후 재취업 등으로 소득을 마련하지 않는 이상 60세부터 65세까지의 5년간은 소득이 거의 발생하지 않을 가능성이 높다. 실제로 이러한 소득 공백기는 노후에 큰 타격으로 다가올 수 있어 일부 공무원들은 개인적으로 연금 상품에 가입하여 이에 대비하는 경우도 있다.

군인연금이 좋은 마지막 이유는 국가가 연금 지급을 100% 보장한다는 것이다. 공무원 연금도 같은 맥락이기는 하지만 군인연금에 비하면 100% 보장한다고 보기는 어렵다. 군인연금의 경우 연금기금에 적자가 생길 경우 부족한 금액을 국가에서 부담함을 명시하고 있다(군인연금법 제39조의2). 하지만 공무원 연금의 경우 연금기금에 적자가 생기는 경우 국가가 부담하는 것은 맞지만 군인연금처럼 100%를 보장하지 않을 수도 있다. 공무원연금법 제69조 1항 단서 조항에 따라 대통령령이 정하는 바에 따라 국가가 부담하기 때문에 군인연금법 제39조의2와는 본질적으로 차이가 있다(세부적인 내용은 공무원연금법시행령 제65조의3 '연금부담금 및 보전금'에 언급하고 있다).

[군인연금과 공무원 연금의 적자 보전 조항]

군인연금법	공무원연금법
제39조의2(보전금) 이 법에 따른 급여에 드는 비용을 기여금, 부담금으로 충당할 수 없는 경우에는 그 부족한 금액을 국가에서 부담한다.	제69조(연금부담금 및 보전금) ① 국가나 지방자치단체가 제65조 제1항에 따라 부담하는 부담금의 금액은 매 회계연도 대통령령으로 정하는 보수예산의 1만분의 900에 상당하는 금액으로 한다. 다만, 국가나 지방자치단체는 제42조에 따른 급여 중 퇴직급여 및 유족급여에 드는 비용을 기여금, 연금부담금으로 충당할 수 없는 경우에는 그 부족한 금액을 대통령령으로 정하는 바에 따라 부담하여야 한다.

국가가 지급을 보장하는 공적연금만큼 확실한 노후 대책은 없다. 공적연금 가운데서도 군인연금은 단연 빛나는 보석 같은 존재이다. 눈앞에 다가온 100세 시대에 군인연금의 가치가 더욱 올라갈 것은 말할 것도 없다.

주택문제 해결되는 유일한 공무원

　사람이 살아가는 데 가장 필요한 세 가지는 의(衣)·식(食)·주(住)다. 입을 옷과 먹을 음식, 그리고 거주할 집만 있어도 인간으로서 기초적인 생활이 가능하다. 하지만 우리나라의 현실은 그렇지 않은 것 같다. 가계에 가장 큰 부담을 주는 것이 바로 주거비이기 때문이다.

　2017년 7월, 현재 한국감정원이 제공하는 서울특별시의 1㎡당 전셋값은 평균 502만 원이다. 평당으로 환산하면 1,656만 원이다. 가장 대중적인 24평의 전셋값이 서울에서는 약 3억 9,758만 원이니 대략 4억 원 정도나 된다.

　4억 원이라는 돈은 매월 100만 원씩 33.3년간 저축했을 때 모을 수 있는 금액(원금기준)이다. 매월 100만 원을 저축하기도 힘든데 그것도 33년이나 저축을 해야 하니 일반 근로자들이 내 집 마련은커녕 서울의 전셋값을 마련하는 것도 버거운 것이 사실이다.

74

취업의 틈새시장! 군인공무원

전문가들은 우리나라의 높은 주거비 부담이 마이너스 성장의 한 이유라고 분석한다. 2016년 7월 현재, 주요 3대 경제지표인 생산, 소비, 투자지표가 모두 마이너스 성장을 기록했다. 소비가 사상 최저로 줄어드니 생산이 늘어나지 않고, 매출이 발생하지 않으니 투자가 이루어지지 않는다.

무리해서 집을 구매한 사람들은 원리금을 상환하느라 소비 여력이 없고, 집이 없는 사람들은 앞으로 집을 사기 위해 돈을 모아야 하니 소비가 힘들다. 청년들의 결혼이 늦어지거나 결혼을 포기하는 것도 높은 주거비 부담의 영향이 크고 자녀에 대한 애착이 강한 우리나라에서 출산율이 사상 최저인 것도 주택 문제가 한 원인으로 꼽힌다.

주거비나 교육비 부담으로 결혼을 포기하고 혼자 사는 독신이 늘어나고 있다. 저성장으로 매월 받는 소득은 적은데 매년 물가는 올라가고 생활비는 점점 늘어나니 연애도 마음대로 못하는 것이 오늘날의 청춘들이다. 주거비 부담만 줄어도 청춘들의 삶이 많이 개선될 것이다. 1.17명에 불과한 저출산율도 극복이 가능하지 않을까?

직업 군인들에게 관사를 제공하는 것은 국민 모두가 아는 사실이다. 그 때문일까? 우리나라 여군의 출산율은 2016년 기준으로 1.53명으로 국내 평균 1.17명보다 30.7%나 높다. 여군들의 출산율이 높은 이유는 군인들이 주로 20대 중·후반에 결혼하는 등 일반인에 비해 조금 일찍 결혼하는 영향도 있지만 군 관사가 지원되기 때문에 주거에 대한 부담이 낮은 것도 한 이유일 것이다.

[최근 4년간 여군 및 우리나라 평균 출산율]

(단위: 명)

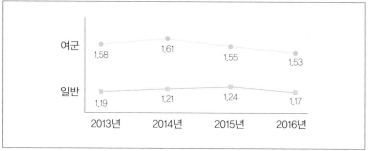

*자료 : 국방일보(2017.5.16)

[군 간부 3자녀 이상 다자녀 현황]

(단위: 명)

전체	육군	해군	공군	해병대
10,527	6,792	1,574	1,804	357

 2015년 말 현재 국방부는 군 관사 72,700세대, 독신자 간부를 위한 숙소 81,463실을 보유하고 있다. 서울 등의 대도시에서는 군 관사가 부족하여 입주가 어려운 경우가 있는데 이 경우에는 전세자금을 지원한다. 서울지역의 경우 전세자금 지원액은 부대마다 차이는 있지만 대략 3억 원 내외다. 3억 원을 본인이 전세자금 대출을 받았다고 가정해보자. 연 이자율 3.5%만 계산해도 연간 1,050만

원, 월 87만5천 원의 이자를 부담해야 한다. 3억 원의 전세자금 지원은 대략 매년 천만 원 정도의 이자를 지원 받고 있는 것과 동일한 혜택인 것이다.

우리나라 경제가 성장기에 있을 때 군 관사는 큰 메리트가 없었다. 부동산 가격이 오를 때 급여도 그만큼 뛰었고 가장이 혼자서 벌어도 온 가족이 먹고사는 데 어려움이 없었다. 하지만 세계적인 경기불황으로 저성장 시대로 접어들었음에도 부동산 가격은 계속 상승하면서 상황이 바뀌었다. 급여 증가 속도는 둔화되고 있는데 부동산은 역사적인 고점을 뚫고 있다. 서민들의 주거비 부담이 점점 늘어나 가계 경제를 압박하고 있는 것이다. 비로소 군인들에 대한 관사지원이 엄청난 혜택임을 체감하게 된다.

군인들의 주거비 부담이 낮다는 것은 그만큼 돈을 모으기 쉽다는 의미이기도 하다. 그래서 재테크는 군에서부터 시작해야 한다. 군대만큼 종잣돈을 모으기 쉬운 곳은 없다. 어떤 군인들은 재테크에 대해서 부정적인 인식을 가지고 있는 경우도 있다. 돈을 모으는 것은 나쁜 행동이 아니라 자신과 가족을 지키는 매우 고귀한 활동이다. 군인들의 자가(自家) 보유 비율은 30%도 안 될 정도로 매우 낮다. 이사를 많이 다니기 때문이기도 하지만 관사를 지원해주기 때문에 재테크에 관심을 덜 가지는 경향이 있는 것도 사실이다.

관사를 제공받더라도 재테크에 관심을 가져야 한다. 100세 시대는 매우 위험한 시대다. 아무도 살아보지 않았기 때문에 어떤 상황이 펼쳐질지 알 수 없다. 노후를 대비해 젊을 때부터 재테크에 관심을 가지고 차근차근 준비하는 지혜가 필요하다. 군인들만큼 재테크에 우호적인 환경이 조성된 공무원들도 없다. 관사를 지원받는 유일한 공무원, 낮은 주거비 부담으로 재테크 여력이 있는 군인, 매력적이지 않은가?

공무원보다
빠른 근속 진급

STEP 04

공무원이나 군인들에게 가장 기쁜 일은 상위 직급(또는 계급)으로 승진(또는 진급)하는 것이다. 상위 직급으로 진출하기 위해서는 해당 계급에서 일정기간 이상을 근무해야 한다. 이를 최저 근무연수(군에서는 최저 복무연수)라고 하는데 진급을 위한 최소한의 조건 중 하나이다.

[진급을 위한 최저 근무연수]

일반공무원		군인	
4급	3년	소령	5년
4급	3년	대위	6년
5급	4년	중위	2년
6급	3년 6개월	소위	1년
7급	2년	상사	7년
8급	2년	중사	5년
9급	1년 6개월	하사	2년

* 출처 : 공무원 임용령 제31조, 군인사법 제26조

79

공무원의 경우 8급으로 승진하기 위해서는 9급으로 최소한 1년 6개월을 근무해야 하며 7급이나 8급으로 최소한 2년을 근무해야 상위 직급으로 승진할 수 있다. 군인의 경우 하사로 2년, 중사로 5년을 복무해야 상위 계급으로 진급할 최저 요건을 갖추게 된다.

이론적으로 9급 공무원이 5급까지 승진하기 위해서는 최소 9년이 소요되고 하사가 상사로 진급하기 위해서는 최소 7년이 필요하다. 이는 어디까지나 이론적인 수치로서 실제 진급하기까지는 이보다 더 많은 기간이 소요된다.

공무원이 승진하는 방법은 일반적으로 두 가지가 있다. 첫째는 시험이나 심사위원회를 거치는 방법이다. 대부분이 승진 심사위원회를 통해 진급자를 선발한다.

군인들도 마찬가지다. 군인이 시험을 통해 진급하는 경우는 없다. 진급심사 위원회를 통하여 대상자를 선발하는 방법을 이용한다.

두 번째 방법은 근속승진이다. 해당 직급이나 계급에서 일정기간 이상 근무할 경우 특별한 하자가 없는 한 상위 직급이나 계급으로 자동적으로 승진하도록 만든 제도다.

일반공무원		군인	
승진할 직급	근무연수	진급할 계급	근무연수
6급	7급으로 11년	상사	중사로 11년
7급	8급으로 7년	중사	하사로 5년
8급	9급으로 5년 6개월		

* 출처 : 공무원임용령 제35조의4, 군인사법 제24조의 3

　근속승진 제도는 장기간 같은 직급으로 근무하는 공무원들의 사기진작을 위해서 도입된 것이다.

　공무원의 경우 근속 승진을 통해 6급까지 진출할 수 있다. 9급으로 5년 6개월을 근무하면 8급이 되고 8급에서 7년간 근무하면 자동으로 7급이 된다. 9급 공무원이 6급까지 근속 승진으로 승진하려면 23년 5개월이 걸린다.

　군인의 경우 근속진급을 통해 상사까지 진출할 수 있는데 하사로 5년을 복무하면 중사가 되고 중사로 11년을 복무하면 상사로 자동진급한다. 하사가 상사까지 진급하는데 16년이 소요되는 것이다.

　2010년도 봉급표를 기준으로 상사 15호봉의 월 기본급은 206만 원, 공무원 6급 15호봉의 기본급은 207만 원이다. 동일하다고 봐도 무리가 없다. 군인 예우기준이나 직급보조비 지급기준을 보면 상사는 공무원 7급에 준하여 대우한다. 하지만 기본급만 보면 근무연수가 동일하다고 가정했을 때 상사의 급여는 6급의 급여와 유사한 수준이다.

21살에 하사로 임관한 군인은 16년 뒤인 37살이면 상사가 되고 21살에 9급 공무원이 된 사람은 44.5세에 6급이 된다. 근속 승진 제도에 있어서도 일반공무원보다 군인이 더 매력적이다.

이뿐만이 아니다. 군인의 근속진급에는 예외가 없다. 최소한의 자격요건만 구비하면 자동으로 진급이 되지만 공무원의 경우 모두가 6급으로 승진하는 것은 아니다.

공무원 임용령을 살펴보면 다음과 같은 조항이 있다. 조금 어렵지만 이를 풀어보면 근속 승진할 때 7급 대상자 모두 6급으로 승진하는 것이 아니라 그 가운데 30%만 근속 승진시켜야 한다는 조항이다.

[공무원 임용령 제35조의4 제④항]

임용권자는 6급 공무원으로의 근속승진 임용을 위한 심사를 할 때마다 해당 기관의 근속승진 후보자의 100분의 30에 해당하는 인원수를 초과하여 근속승진 임용할 수 없다(공무원임용령 제35조의4 제④항).

보다 쉽게 말하면 7급으로 11년 이상 근무한 직원이 100명인 경우 6급으로 모두 근속 승진하는 것이 아니라 그중 상위 30%만 근속 승진을 시켜야 한다는 것이다. 이 조항 때문에 많은 7급 공무원들이 6급으로 자동 근속 승진하지 못하고 계속 7급에 머물고 있는 경우가 많다.

　하지만 군인들에게 적용하는 군인사법에는 근속진급에 대해 이와 유사한 규정은 없다. 중사로서 11년만 복무하면 징계 등의 특별한 문제가 없는 한 대상자 모두를 근속승진 시킬 수 있다.

　근속 승진에서도 군인은 일반공무원보다 월등하게 낫다!

군인공무원은 장학금으로 학위 취득한다!

    2016년 2월 전역을 하고 나서 군 생활 20년 동안 얼마나 교육을 받았는지를 정리해 보았다. 필수교육인 초등·고등 군사반 교육과 해군대학 교육을 비롯하여 학위과정 등의 모든 교육기간을 정리해 보니 무려 85개월이나 되었다. 햇수로 만 7년이 넘는 시간이다. 만 20년 동안 복무했으니 20년 가운데 35%의 시간 동안 교육을 받은 것이다.

    그 가운데는 4.4개월 정도의 미국 교육훈련 기회도 있었다. 돈으로 환산할 수 없는 엄청난 혜택이자 나의 능력을 한 단계 향상시킬 수 있는 기회였다. 나는 사관학교를 졸업했고 개인적으로 교육에 관심이 많았기 때문에 다른 군인들에 비해 상대적으로 많은 교육 기회를 가질 수 있었다. 하지만 군에서는 조금만 노력하면 매우 다양한 교육을 받을 기회가 존재한다.

[저자가 군에서 받은 교육]

기관	과정	기간
해군 교육사령부	초등, 고등 군사반	7개월
해군대학	단기과정	3.6개월
국방부	전역 전 교육	10개월
서울대학교	석사과정	22개월
국방대학교	박사과정	36개월
미국 공군	직무교육	4.4개월
민간기관	원가관리사, 국제무역사 등	2개월
계	–	85개월

군에서 교육 기회는 아주 많다. 군 내부교육과 외부교육으로 나누었을 때 군 내부교육은 필수교육이 대부분이다. 장교라면 초등·고등 군사반을 비롯하여 소령이 되면 각 군의 대학과정을 마쳐야 한다(현재는 각 군 대학과정은 없어지고 합동군사대학교에서 교육을 받는다). 특정 보직을 수행하기 전에 보직 전 교육을 받기도 한다.

군 외부교육으로 대표적인 것이 석·박사 학위과정 교육이다. 그 외에도 민간 교육기관에서 주관하는 직무와 관련된 교육이 있다. 한국생산성본부나 무역협회, 회계법인이나 장비 제작사 등에서 각종 교육을 받을 수 있다.

교육 중에서 학위과정만큼 매력적인 교육기회는 없다. 전문학위 교육(주간학위)은 군에서 필요한 전문인력을 양성하기 위해 연간 200여 명 내외의 위탁생을 선발하고 있다.

주간 학위 교육생으로 선발되면, 군을 떠나 일반 학생들과 같이 학부, 석사 및 박사과정을 받게 된다. 그러나 매년 선발하는 인원이 정해져 있다 보니 많은 군인들이 혜택을 보기는 힘들다. 대부분의 학위과정은 장교들 위주로 선발한다. 부사관의 경우 매년 소수의 인원을 선발하여 학부과정에 위탁교육을 보내는 것이 거의 유일하다. 2015년에는 총 202명의 군인이 국내 주간학위 과정에 선발되었고 이와는 별도로 총 50명이 국외 학위과정에 선발되었다.

주간 위탁교육생으로 선발되지 않으면 직장인들처럼 야간이나 주말을 이용해서 학위를 취득할 수 있다. 이를 능력계발 교육(야간학위)이라 한다. 간부의 능력 및 자질향상을 위하여 국내 야간대학(원) 등에서 교육을 실시하며, 일과 학습을 병행하게 된다. 군에서 능력계발 위탁교육생으로 선발되면 학위과정 학비를 국고로 지원한다. 2015년에 총 4,649명의 군인들이 정부의 장학금을 지원받아 야간 학사·석사·박사과정에 다니고 있다.

국외 군사교육기회도 많다. 육·해·공군 사관학교 1학년 생도 가운데 약간의 인원을 선발하여 미국이나 독일 등의 사관학교에 교육을 보내기도 한다. 2015년에 총 9명의 생도가 외국 사관학교에 진학하였다. 이들 생도는 졸업과 동시에 국내로 복귀하여 장교로 임관한다. 외국의 국방대학교나 지휘참모대학은 통상 1년 내외의 과정이고 병과학교의 경우 1년 미만의 교육이 이뤄진다.

[2015년 국방부 교육현황]

(단위 : 명)

구분	학위교육			국외 군사교육				직무향상교육	
	국내(주간)	국내(야간)	국외(주간)	국방대학교	지휘참모대학	병과학교	사관학교	국내연수	국외연수
계	202	4,649	50	8	52	238	9	14,499	142
육군	105	2,698	30	3	23	109	4	4,951	28
해군	48	910	7	2	14	68	2	1,309	45
공군	49	1,041	13	3	15	61	3	5,604	37
기타	–	–	–	–	–	–	–	2,635	32

* 2016년 국방통계연보 p.61

　그 외에도 직무와 관련하여 국내의 정부 및 민간 기관에서 주관하는 직무향상 교육이 있다. 이 교육은 직무와 관련된 신지식, 기술 및 교리 등 직무 수행 능력을 향상시키기 위하여 국내·외 정부 및 민간 교육기관 등에서 실시하는 위탁교육이다. 한국생산성본부, 한국능률협회, 삼일회계법인 등의 민간기관은 물론이거니와 중앙공무원교육원, 방위사업청, 국방대학교 직무교육원 등 정부기관에서 개설한 과정들이 이에 해당한다. 짧게는 하루부터 몇 주 과정으로 운영되기도 한다. 2015년에 약 1만 4천여 명이 국내 연수 교육을 받았다. 국외 연수의 경우 해외 장비 제작사 교육 등이 대부분이다.

　대학 교육의 경우 군 내부 절차를 통해서 선발되어야 학비를 지원받을 수 있지만 꼭 그렇지만은 않다. 본인의 노력 여하에 따라서 얼마든지 저렴한 가격에 공부를 할 수 있다. 국방부와 대학교 간

87

학-군 교류협정에 따라 웬만한 대학에서 학비의 50%를 감면받을 수 있기 때문이다. 그래서 군에 있을 때 학위를 취득하는 것이 유리하다. 50% 감면은 군인이라면 모두 지원을 받을 수 있다.

군에 있을 때 학위과정을 마쳐야 하는 또 다른 이유가 있다. 군인들은 정원 외 입학이 허용된다. 경쟁률을 크게 신경 쓰지 않아도 된다는 의미다. 무엇보다도 좋은 점은 공무원 신분이기 때문에 좋은 대학에 입학할 가능성도 있다는 것이다. 서울에 근무한다면 명문대학에 입학할 수도 있다.

단기복무 장교 및 부사관이라 할지라도 낙담할 필요는 없다. 학비의 50%를 감면받기 때문에 이를 잘 활용하면 된다. 오히려 장기복무 군인들보다 빠른 시기에 공부할 수 있다. 장기복무 군인들의 경우 군 위탁생으로 선발되기 위해서는 근속기간이 길수록 유리하다. 최소한 30대 이상은 되어야 위탁생으로 선발될 가능성이 높기 때문에 30대가 넘어서 대학원에 입학하는 경우가 많다. 단기복무 군인의 경우 군 위탁생 선발이 쉽지 않기 때문에 자비 50%를 들여서라도 한 살이라도 젊을 때 학위과정에 입학하는 것이 좋다. 학비 50% 지원받는 것만 해도 괜찮은 조건이다.

요즘에는 사이버 대학교에서도 석사학위를 취득할 수 있다. 공부할 수 있는 조건은 다 갖추어져 있다. 결정하고 행동만 하면 된다. 가급적 결혼 전에 석사학위까지 마칠 것을 권하고 싶다. 결혼 후에는 돈 쓸 일도 많고 새로운 가족도 생긴다. 공부에 집중하기가 곤란하기 때문에 공부에 대한 욕심이 있다면 서두르는 편이 낫다.

내 건강
챙겨주는 착한 직장

STEP 06

'돈을 잃으면 조금 잃는 것이요, 명예를 잃으면 많이 잃는 것이고, 건강을 잃으면 모든 것을 다 잃는다.'는 격언이 있다. 건강의 중요성은 누구나 알지만 그것을 잃기 전에는 그 소중함을 모르고 산다. 평균 근로시간이 전 세계에서 가장 높은 수준인 대한민국에서 자신의 건강을 챙기며 사는 사람이 몇이나 될까? 현실적으로 하루 30분 정도의 시간을 내서 운동하는 것도 어려운 사람들이 대부분이다.

그러나 군인의 경우는 다르다. 강인한 체력과 정신력이 요구되는 군인은 진급시기가 되면 개인에 대한 모든 정보를 평가하여 진급을 결정하게 되는데 그중에서도 개인의 신강과 체력은 굉장히 중요하다. 입원 기록만 있더라도 진급하기가 어려워지기 때문에 군인들은 평소 체력관리에 힘쓸 수밖에 없다. 군인인 이상 자신의 건강관리는 책임이자 의무인 것이다. 따라서 군에서는 군인들에 대한 체

89

력관리에 엄청난 에너지를 쏟고 있다. 군인들의 체력관리가 어떻게 이루어지는지 알아보자.

첫째, 군인들은 매일 1시간 이상 일과 중에 운동을 한다. 퇴근 후에 하는 것이 아니다. 체력단련 시간이 일과에 반영이 되어 있는 것이다. 특별한 사유가 없는 한 1시간 정도의 체력관리 시간을 보장받는다.

간부들은 그 시간 동안 러닝이나 헬스트레이닝을 통해 체력을 관리한다. 매주 수요일에는 2시간 정도의 체육활동 시간이 별도로 있다. 주5일 근무를 가정하면 일과 중에서 5~6시간 정도의 체력단련 시간이 있는 것이다. 요즘은 중고등학교에서도 제대로 보장되지 않는다는 체육활동을 일과 중에 허락하는 회사는 거의 없다. 게다가 군내의 운동관련 시설은 돈도 들지 않는다. 군인들이 일반인들에 비해 건강할 수밖에 없는 가장 큰 이유다.

둘째, 군인들은 매년 한 차례 이상 체력검정을 실시한다. 군인이라면 예외가 없다. 제아무리 장군이라도 체력검정을 피할 수는 없다. 검정 종목은 오래달리기, 윗몸일으키기, 팔굽혀 펴기 3가지인데 오래달리기는 3km, 윗몸 일으키기와 팔굽혀 펴기는 2분 동안 실시한 횟수를 기준으로 종목별 등급을 매긴다. 체력검정 결과를 진급에 반영하기도 하였으나 최근에는 통과 또는 불합격으로 평가하는 것으로 전환되는 추세이다.

체력검정 결과가 진급평가에 포함되다 보니 좋은 등급을 받기 위해 꾸준히 노력해야 한다. 이 과정을 통해서 군인들의 체력은 한 차례 더 업그레이드된다. 직원들을 강제로 운동하도록 하는 회사는 군대밖에 없을 것이다.

　셋째, 군인들은 매년 한 차례씩 건강검진을 받는다. 군 생활 할 때 매년 건강검진을 받았기 때문에 모든 직장인들이 다 그런 줄 알았다. 하지만 그게 아니었다. 국민건강보험법에 따라 의료보험에 가입되어 있는 직장 가입자(근로자)는 일반 건강검진을 받는다. 2년마다 한 번씩 받는 것이 원칙이고 사무직에 종사하지 않는 직장 가입자는 매년 건강 검진을 받아야 한다. 따라서 대부분 일반공무원은 사무직으로 분류되어 2년에 한 번씩 건강검진을 받고 군인들은 사무직이 아니기 때문에 매년 건강검진을 받는 것이다.

　건강검진 항목은 신장, 체중, 허리둘레, 체질량 지수, 시력, 청력, 혈압측정 등의 간단한 검사에서부터 혈액검사, 소변검사, 흉부 방사선 촬영, 구강검진까지 폭넓게 이루어진다. 이를 통하여 콜레스테롤이나 간 기능, 혈당, 요단백(尿蛋白), 폐렴, 충치 등을 검진한다. 1차 검진에서 고혈압, 당뇨병 질환 의심자로 판정되는 경우, 보다 정밀한 2차 검진을 받는다.

　건강검진을 통해 질병을 조기에 발견할 수도 있고, 한 번 더 자신의 건강상태에 대해서 돌아보고 새롭게 다짐하는 계기가 될 수 있으므로 건강검진을 1년에 한 차례 받는 것이 2년에 한 번 받는 것보다 건강을 유지하는 데 유리하다. 건강검진에서도 군인이 공무원보다 낫다고 할 수 있다.

넷째, 현역들은 전국 각지에 있는 군 병원을 무료로 이용할 수 있다. 비용이 많이 드는 치과진료에서부터 CT, MRI 등에 이르기까지 지원범위가 일반 병원과 다를 바가 없다. 군 병원의 의료 수준은 생각보다 높다. 국군수도병원은 2015년 12월에 군 병원 최초로 종합병원 인증을 받았다. 의료기관 인증제는 보건복지부 산하 의료기관 평가인증원이 환자안전과 의료 서비스의 질 향상 등 평가기준을 충족하는 의료기관을 인증하는 제도다.

가장 건강한 사람들은 대형 병원 옆에 거주하는 사람들이라고 한다. 병원 접근성이 좋기 때문이다. 자기의 비용과 시간을 들여 진료를 받아야 하는 일반 직장인이나 공무원에 비해 군인들의 병원 접근성이 용이하므로 건강관리에 보다 유리한 것이 사실이다.

다섯째, 장기복무 군인들은 전역 후에도 군 병원을 저렴한 가격에 이용할 수 있다. 제대군인 지원에 관한 법률에 따라 10년 이상 복무 후 전역한 사람은 전국 14개의 군 병원과 5개의 보훈병원에서 외래 및 응급 진료를 받을 수 있다. 군 병원의 경우 비급여의 50%만 본인이 부담하고, 보훈병원의 경우 본인 부담금의 50%를 감면한다. 일반 병원의 절반도 안 되는 가격에 병원을 이용할 수 있는 것이다. 그 어느 직장도 퇴직한 직원에 대하여 이 정도의 의료 혜택을 제공하는 곳은 없을 것이다. 노후 의료비는 1인당 30만 원 정도가 든다고 한다. 노후가 길어질수록 군 병원을 이용할 수 있는 전역군인들이 느끼는 의료혜택의 크기는 더욱 커질 것이다.

규칙적인 생활과 주기적인 운동과 건강검진을 통해 군인의 평소 생활 자체가 건강을 유지할 수밖에 없게 만든다. 여러 가지 복지정책이 많다. 하지만 건강을 유지하게끔 만드는 것이야말로 직원들을 위한 최고의 복지가 아닐까?

인생 마지막까지
책임지는 직장

　많은 사람들의 축복 속에서 태어나서 가족들의 배웅을 받으며 삶을 마감하고 싶은 것이 사람의 마음이다. 끝이 좋아야 모든 것이 좋다는 말이 있듯이 어떻게 태어났건 생의 마지막을 외롭지 않게 맞이하고 싶은 것이 인지상정이다.

　하지만 현실은 그렇지 않은 모양이다. 많은 사람들이 외롭게 생을 마감하고 있다. 혼자서 맞는 쓸쓸한 죽음을 고독사라고 한다. 일본에서는 1983년부터 고독사라는 말이 등장하였고 2009년에만 3만 2,000명 이상이 고독사로 사망한 것으로 추정된다.

　고독사가 발생하면 경찰에서는 1주일 정도 유가족을 찾는 작업을 한다. 유가족이 있어 시신을 인수하는 경우는 그나마 다행이지만 유가족이 있음에도 어떠한 이유로든 시신을 인수하지 않는다면 해당 지방자치단체에서 시신을 처리해야 한다. 대부분 간단히 삼일장을 치른 다음 화장을 한다.

보건복지부에 따르면 아무런 연고가 없는 무연고 사망자가 2011
년 693명에서 2015년 1,245명으로 늘었다. 6~70대가 약 48%이고
50대 미만자도 상당 부분을 차지했다고 하니 고독사가 나이와는
큰 상관이 없는 듯하다.

내가 삶을 마감한 다음에도 나의 일을 정성껏 처리해줄 사람이
있다면 얼마나 좋을까? 10년 이상 복무한 군인이라면 크게 걱정할
필요가 없다. 국립묘지의 설치 및 운영에 관한 법률에 따라 10년 이
상 복무한 군인들은 국립묘지에 안장할 자격이 주어지기 때문이다.

우리나라에는 총 10개의 국립묘지가 있다. 서울 동작동에 위치한
서울 현충원, 대전에 위치한 대전 현충원을 비롯하여 4·19, 3·15,
5·18 민주묘지와 5개의 호국원이 있다.

[국립묘지별 안장 대상자]

구분	위치	안장 대상자
서울 현충원	서울시 동작구	대통령, 국회의장, 대법원장, 헌법재판소장,
대전 현충원	「대전시 유성구	순국선열과 애국지사, 20년 이상 군 복무자 등
4·19 민주묘지	서울시 강북구	4·19 혁명 사망자·부상자·공로자
3·15 민주묘지	경남 창원시	5·18 민주화 운동 사망자·부상자·희생자
5·18 민주묘지	광주시 북구	

호국원	영천호국원	경북 영천시	참전유공자, 10년 이상 군 복무자, 전몰군경, 전상군경, 공상군경, 순직군경 등
	임실호국원	전북 임실군	
	이천호국원	경기도 이천시	
	제주호국원	제주도 제주시	
	산청호국원	경남 산청군	

* 자료 : 국립묘지법 제5조

4·19, 3·15, 5·18 민주묘지의 경우 4·19 혁명 및 5·18 민주화 운동과 관련된 분들이 안장 대상이다. 서울 및 대전 현충원은 대통령과 국무총리, 대법원장, 20년 이상 복무한 군인들에게 안장 자격이 주어진다. 호국원의 경우 통상 참전군인과 10년 이상 복무한 군인들이 안장(安葬) 대상이다.

전투에 참전하지 않아도 근무 중 부상을 당하지 않아도 10년 이상 근무하였다는 이유만으로 국립묘지 안장 자격이 주어지는 것은 공무원 가운데 군인밖에 없다.

일반공무원이나 경찰, 소방공무원 등의 경우에는 근무 중 사망하거나(순직) 일정 등급 이상의 부상을 당한 경우에만 안장 자격이 주어진다. 국가에서 군인들에게 준 혜택 중의 하나가 국립묘지 안장이다.

국립묘지에 안장되면 무엇이 좋을까?

첫째, 모든 비용이 무료다. 국립묘지 내에서 이루어지는 안장과 관련된 물품, 명패, 비석 등의 비용이 국고로 지원된다. 다만 국립묘지 외에서 행해지는 장례식, 화장, 운구 등의 비용은 유가족이 부담하여야 한다.

둘째, 60년 동안 국가가 나의 무덤을 정성스럽게 관리해준다. 국립묘지에 안장된다고 해서 영원히 안장될 수 있는 것은 아니다. 국립묘지법(제15조)에 따라 안장 기간은 60년이 기본이다. 60년이 지난 후에는 국가보훈처의 심의를 거쳐 영구안장을 하거나 위패를 봉안하는 것으로 대체되기도 한다. 자식을 비롯하여 어느 누가 나의 무덤을 이토록 오랫동안 관리할 수 있을까? 국가가 아니면 절대로 쉽지 않은 일이다. 이 또한 비용이 들지 않으니 금전적으로도 엄청난 혜택이 아닐 수 없다.

셋째, 배우자를 합장할 수 있다. 합장이라는 것은 군인이 국립묘지에 안장된 경우 그 배우자를 하나의 묘나 봉안함에 안장하는 것을 말한다. 배우자도 남편과 함께 국립묘지에 안장할 수 있는 것이다. 배우자의 합장에 소요되는 비용 또한 무료이다.

넷째, 후손들에게 살아있는 교육이 될 수 있다. 국립묘지에 안장되었다는 것 자체가 국가와 민족을 위하여 희생한 것에 대한 보답이기 때문에 나의 자녀와 그 자녀들은 국립묘지에 들를 때마다 이를 자랑스러워 할 것이다. 묘지도 국가가 알아서 관리해주니 후손들의 입장에서도 고마운 일이다.

   단 10년만 군에서 복무하면 국립묘지 안장 자격이 주어진다. 그 어떤 공무원도 복무했다는 이유만으로 국립묘지 안장 자격이 주 어지지 않는다. 평소 목숨을 걸고 나라를 위해 희생하는 군인들을 위해 사후에도 이렇게 예우해주는 것이다. 나와 나의 배우자를 사후 60년 동안이나 후손들을 대신해서 관리해주는 직장은 오직 군 대밖에 없다.

스크린골프
가격으로 골프를!

골프를 가장 좋아하는 대통령을 꼽으라면 미국의 트럼프 대통령을 빼놓을 수 없다. 취임 후 165일 동안 무려 35번이나 골프장을 찾았다고 한다(연합뉴스 2017.7.4.). 그는 전 세계 각지에 총 20개의 골프장을 소유하고 있고, 여름휴가의 대부분도 골프장에서 보낼 만큼 골프에 푹 빠져 있는 사람이다.

트럼프가 그런 것처럼 우리나라의 유명 정치인이나 대기업 CEO 등 각계를 이끄는 사람들은 한결같이 골프를 즐긴다. 그래서 골프는 우리나라에서 부자들이 즐기는 스포츠로 인식된다.

그들이 골프를 치는 이유는 뭘까? 그 바쁜 사람들이 운동을 목적으로 골프장을 찾는 것은 아닐 것이다. 그 이유는 골프가 다른 어떤 스포츠보다도 재미있기 때문이다.

대부분의 운동은 정해진 규격의 네모진 경기장에서 진행한다. 어디를 가나 경기장의 외관은 다를지언정 내부의 모습은 동일하다.

하지만 골프장은 똑같은 데가 한 곳도 없다. 깊은 산 속은 물론이고 경치 좋은 해안가에 위치하기도 있다. 코스 길이도 제각각이고 그린의 상태도 천차만별이다. 그렇다 보니 골프장을 찾는 것만으로도 힐링이 된다는 느낌을 받는다. 테니스와 야구는 라켓과 배트 정도만 있으면 되지만 골프를 치려면 드라이버, 우드, 아이언 등 10여 가지의 클럽이 필요하다. 상황에 따라 골라서 치는 재미가 있다.

역설적이게도 배우기 힘들다는 점도 골프가 재미있는 이유 가운데 하나다. 그만큼 오랜 시간을 투자해야 하지만 하나하나 배울 때마다 자신의 실력이 업그레이드되는 느낌이 골프에 점점 빠지게 만드는 것이다.

철저히 자기 자신과의 경기라는 점도 매력 가운데 하나다. 상대방과 몸싸움할 필요도 없고 규칙을 가지고 다툴 필요도 없다. 공식적으로 심판이 없는 유일한 경기가 골프다. 자기 자신의 스코어(점수)도 자신이 매기기 때문에 엄격한 도덕성을 요하는 운동이다. 하지만 다른 운동처럼 여러 명과 함께 즐길 수 있고 상대방과 경쟁도 할 수 있어서 골프는 그 어떤 운동보다도 매력적이고 재미있다.

골프의 장점 가운데 하나는 오랜 시간 동안 여러 사람과 함께할 수 있다는 점이다. 보통 4명이 한 조를 이뤄 운동하는데 골프장으로 이동하는 시간, 운동시간, 집으로 돌아오는 시간 등을 합치면 하루에 8시간 이상을 그들과 함께하게 된다. 처음 만나는 사람과 긴 시간 동안 함께하면 없던 정도 생기게 마련이다. 골프가 비즈니스 하기에 유리한 이유도 그 때문이다.

한국레저산업연구소에 따르면 2016년 기준으로 국내 골프장은 260여 곳이고 골프 인구도 500만 명 이상이나 된다고 한다. 우리나라 국민 10명 가운데 1명이 골프를 즐길 만큼 예전에 비해 대중화되었지만, 여전히 서민들에게는 접근하기 쉽지 않은 스포츠로 인식되어 있다. 골프를 즐기기에는 시간과 비용이 만만치 않기 때문이다. 무엇보다도 비용이 가장 큰 걸림돌이다. 회원제 골프장의 경우 수도권은 최소한 20만 원 이상의 그린피를 지불해야 하므로 직장인들이 한 달에 2번 이상 필드에 나가는 것은 큰 부담이 아닐 수 없다.

하지만 골프를 스크린골프 가격으로 이용할 수 있는 사람들이 있으니 그들은 바로 군인들이다. 군인들에게 골프는 운동이라기보다는 체력단련에 가깝다. 군 골프장을 체력 단련장으로 부르는 것도 그런 이유다. 군인들은 어디에 위치하더라도 비상이 걸리면 몇 시간 내에 부대로 복귀하여야 한다. 1분 1초를 다투는 공군 조종사들의 경우는 더더욱 그렇다. 그래서 주요 군 공항이 위치한 곳에는 조종사들을 위한 체력 단련장이 잘 마련되어 있다. 공군에서 관리하는 골프장이 육·해·공군 가운데서 가장 많은 것도 그런 이유 때문이다. 근무 피로도가 높은 조종사들을 위해 체력 단련 및 스트레스 해소용으로 군대 내에 골프장을 운영하고 있는 것이다.

군 골프장이 좋은 가장 큰 이유는 비용이 저렴하기 때문이다. 군 골프장은 총 35곳이 있는데 육·해·공군이 관리하는 골프장 31곳의 그린피는 정회원 기준으로 평균 1만 원대에 불과하다. 2만 원을 초과하는 곳은 공군의 18홀 골프장 딱 1곳 뿐이다(그것도 2만1천 원이다). 스크린골프값으로 골프를 즐기는 것이다. 그린피가 가장 비싼 곳은 국방부가 관리하는 수도권 4곳의 체력 단련장(태릉, 동여주, 남서울, 처인)인데 요금은 다음의 표와 같다.

[군 골프장 이용 요금]

구분	현역	현역이외
정회원	30,000원	33,000원
준회원	–	66,000원
일반인	–	182,000원

* 태릉, 동여주, 남서울, 처인 체력단련장(주말요금 기준)

현역의 경우 3만 원이지만 일반인은 18만2천 원(주말 기준)을 내야 한다. 군 골프장 이용 자격은 정회원과 준회원으로 나누는데 정회원은 현역 장교, 부사관, 군무원, 연금을 받는 예비역 장교, 부사관, 군무원이다. 준회원은 10년 이상 복무한 예비역 장교, 부사관이다. 10년 이상만 복무하더라도 평생을 저렴한 가격에 골프를 이용할 수 있다.

군 골프장의 좋은 점 가운데 하나는 배우자도 동일한 혜택을 누린다는 것이다. 남편이 정회원이면 배우자도 정회원으로 대우하고, 남편이 준회원이면 배우자도 준회원으로 대우하기 때문에 부부가 같이 저렴하게 이용할 수 있다. 트럼프가 71세의 나이에도 골프를 즐기는 것처럼 골프는 나이 들어서도 꾸준히 할 수 있는 거의 유일한 운동 가운데 하나다. 이처럼 사회에서 비용문제로 이용하기 힘든 골프를 군에서는 누구나 저렴하게 이용할 수 있다. 골프뿐만 아니라 죽을 때까지 배우자와 함께 평생 이용한다면 경제적으로도 엄청난 혜택이 아닐 수 없다.

군인들의 복지혜택은 생각보다 훌륭하다. 골프장뿐만 아니라 전국 주요 관광지에 위치한 일반 콘도 41군데와 군에서 직영으로 운영하는 콘도 7군데를 회원가격으로 이용할 수 있다. 이뿐만이 아니다. 일선 부대에서 관리하는 전국 각지에 위치한 100여 개의 군 숙소도 언제든지 이용이 가능하다.

문득 오래전 들었던 광고 카피가 떠오른다. 여자라서 행복해요! 하시만 나는 군인이리서 행복하다!

연간 휴가일수 21일

욜로(YOLO, You only live once)가 젊은이들 사이에서 하나의 트렌드로 자리매김하고 있다. 막연한 미래를 위해 현재를 희생하기보다는 오늘을 충실하게 사는 것이 욜로 라이프다. 돈을 들여 쉽게 배우기 힘든 것들을 배우기도 하고 정말 가고 싶었던 곳을 휴가를 내어 여행하는 것도 욜로 라이프의 한 형태다. 욜로 라이프도 장기간의 든든한 휴가가 뒷받침된다면 금상첨화다.

실제로 우리나라 직장인들의 휴가일수는 생각보다 길지 않다. 만 20세부터 59세 이하의 직장인 1,000명과 기업의 인사·복지 담당자들을 대상으로 분석한 연구에 따르면 직장인이 1년간 사용할 수 있는 휴가는 총 15.1일이고 실제 사용한 휴가는 평균 7.9일에 불과했다.[1] 휴가 사용률이 저조한 가장 큰 원인(복수응답)은 직장 내 분

---

[1] 산업연구원의 2017년 연구(국내 관광 활성화를 위한 휴가 사용 촉진 방안 및 휴가 확산의 기대 효과)

위기(44.8%), 업무과다 및 대체인력 부재(43.1%)로 나타났다.

　휴가 측면에서 보면 공무원이 직장인보다 훨씬 낫다고 할 수 있다. 1년간 사용할 수 있는 휴가일수도 많고 최소한 직장 내 분위기나 업무과다로 인해 휴가를 가지 못하는 일도 적기 때문이다. 공무원의 휴가에 대한 사항은 국가공무원 복무규정(대통령령)에서 정하고 있는데 재직기간에 따라 휴가일수가 제각각이다.

[국가공무원 복무규정]

> 제15조(연가 일수) ① 공무원의 재직기간별 연가 일수는 다음과 같다.

재직기간	연가일수
3개월 ~ 6개월 미만	3일
6개월 ~ 1년 미만	6일
1년 ~ 2년 미만	9일
2년 ~ 3년 미만	12일
3년 ~ 4년 미만	14일
4년 ~ 5년 미만	17일
5년 ~ 6년 미만	20일
6년 이상	21일

　연가라 함은 1년 동안 유급으로 휴가를 사용할 수 있는 기간을 말한다. 일반공무원들이 사용할 수 있는 휴가는 3일부터 21일까지

다양하다. 재직기간이 3개월 이상일 때만 휴가를 사용할 수 있다는 점이 특이하다. 재직기간이 1년이 안 될 경우 총 6일의 휴가를 사용할 수 있고 2년 미만은 9일, 4년 미만은 14일, 6년 미만은 20일을 사용할 수 있다. 6년 이상 재직해야 21일의 휴가를 사용할 수 있다.

군대를 다녀와서 공무원으로 임용된 사람은 군 복무기간을 재직기간에 산입한다. 따라서 같은 9급으로 임용이 되더라도 의무복무(육군 21개월, 해군 23개월, 공군 24개월)를 마친 9급 임용자는 임용 후 3개월 뒤부터 총 12일의 휴가를 사용할 수 있다. 일반공무원의 경우 최장 21일의 휴가를 사용할 수 있다는 점에서 직장인보다는 나은 편이지만 4년 미만 재직자의 휴가일수는 직장인 평균 수준의 휴가일수(15.1일)에도 미치지 못하는 수준이다.

모든 일이 그렇지만 가장 힘들 때는 일을 처음 배우는 시기다. 이때가 휴가가 가장 필요한 시기지만 그렇지 못한 것이 현실이다. 그럼에도 불구하고 공무원의 휴가가 법으로 보장되어 있고 눈치 보지 않고 갈 수 있어 직장인 휴가제도에 비해 나은 것은 사실이다.

군인은 일반공무원보다 휴가가 월등히 나은 편이라면 믿겠는가? 군인들의 휴가는 군인복무규정(대통령령)에서 정하고 있다.

[군인복무규정]

제39조의2(연가) ① 군인은 연 21일 이내의 연가일수를 갖는다.

군인은 일반공무원과는 달리 재직기간에 관계없이 연간 21일의 휴가를 사용할 수 있다. 하사에서 대장에 이르기까지 계급고하를 묻지 않고 21일의 휴가를 보장한다. 훈련이나 비상 등의 특별한 상황이 아닌 이상 본인이 선택한 날짜에 휴가를 갈 수 있다. 하사도 21일간의 휴가를 갈 수 있기 때문에 9급으로 갓 임용한 여자 공무원의 휴가일수(6일)에 비하면 엄청난 혜택이 아닐 수 없다.

휴가 제도만 봐도 군인은 일반공무원보다 한 수 위임이 분명하다. 신세대들이 말하는 욜로 라이프도 휴가가 뒷받침되어야 진정으로 즐길 수 있다. 진정한 욜로 라이프를 누릴 수 있는 신세대는 일반공무원이 아니라 군인이다.

PART 03

군인공무원 제대로 알기

군인에 대한
인식은 달라질 것이다

·· 사례 #1 (미국)

2014년 10월 9일, 미 육군 특공부대 일등상사인 엘버트 마를은 서부 포틀랜드에서 동부 샬럿으로 가기 위해 US 에어웨이 항공기에 탑승했다. 그는 제복(예복) 상의가 구겨지지 않도록 상의를 옷장에 보관해 줄 것을 여승무원에게 부탁했다. 승무원은 일등석 승객만 옷장을 이용할 수 있다며 상사의 요청을 거절했다. 이를 지켜보던 주변의 승객들은 승무원에게 항의했고, 이 소동은 커튼 너머의 일등석 좌석까지 전해졌다.

그리고 믿기 힘든 일이 일어났다. 일등석에 앉아있던 승객 여러 명이 마를 상사에게 앞다투어 자리를 양보한 것이었다. 마를 상사는 그들의 제의를 정중히 사양했다. 그러자 한 승객은 "(국가를 위해) 봉사해줘 고맙다. 옷이라도 보관하게 해 달라."며 상사에게 간곡히 요청하여 그의 제복 상의를 자신의 옷장에 보관하는 것으로 소동은 마무리되었다.

그러나 몇몇 승객이 항공사를 비난하는 글을 SNS에 올리면서 사건이 확대됐다. 항공사는 원고지 15장 분량의 사과문을 발표했다. 항공사 측은 사과문 첫머리부터 "군 장병이 훈장이 달린 예복을 옷장에 보관하려다 방해받은 불미스러운 상황에 대해 해당 장병과 승객들께 진심으로 사과드린다. 이번 일은 우리 회사의 핵심 가치와 맞지 않는 일이었다."며 납작 엎드렸다.(조선일보 2014.10.14.)

·· 사례 #2 (한국)

군 부대 인근 주민들은 군인들을 '봉'으로 인식하고 있다. 이 지역 주민들은 외출이나 외박을 나온 군인들이 일정 시간 내에 부대에 복귀해야 하는 '위수지역' 개념 때문에 멀리 나가지 못한다는 점을 악용해 군인들에게 폭리를 취하고 있다.

군부대가 많은 강원도 모 지역 소재 PC방들은 장병들이 외출·외박을 나오는 주말에 30% 이상 요금을 더 받고 있으며, 요금 논란이 제기되자 '주 3회 이상 이용자', '주중에만 가능한 회원 가입자 할인' 등 장병들은 불가능한 할인제도를 도입해 비난을 받기도 했다.

외박 장병들이 이용하는 숙박업소는 여인숙이나 다름없는 허름한 시설을 갖춰놓고 주말 숙박비 8~10만 원, 숙박인원 1인 추가 시 1만 원 추가요금을 받아 분대 단위로 외출을 나오는 장병들을 대상으로 객실 하나당 1박에 10~15만 원의 폭리를 취하고 있다.(나우뉴스 2016.5.20.)

군인은 국가를 방위하고 국민의 생명과 재산을 지키는 일을 하는 매우 고귀한 직업이다. 그 어떤 직업보다 명예롭고 가치있는 일을 하는 사람들이며, 이런 사람들은 사회적으로 인정과 대우를 받는 것이 당연하다. 하지만 위의 기사처럼 미국과 한국 국민들의 군인을 바라보는 온도차는 매우 다르다. 미국인들은 군인들이 자신들의 생명과 재산을 지켜주는 사람들이며 자신들을 대신하여 희생하는 사람이란 인식이 확고하다. 나는 이것을 온몸으로 체험했다.

　2007년 9월, 미국 텍사스주에 위치한 랙랜드 공군기지로 5개월간 교육을 다녀왔다. 군복을 입고 수업을 하기 때문에 출·퇴근을 비롯하여 제복을 입고 다닐 기회가 많았다. 같은 과정의 군인들과 부대 밖에서 점심을 먹고 있는데 주변에 있던 시민들이 우리 쪽 테이블로 와서는 어깨를 두드리며 "God bless you" 혹은 "Thank you for your service"라는 말을 전하고는 지나가는 것이었다. 말을 건네는 사람도 군인들도 너무나 자연스러웠다. 시민들의 눈빛과 손짓에는 군인들에 대한 고마움과 존경심이 묻어났고 나는 그 따스함을 느낄 수 있었다.

　미국에서 교육을 받는 동안 직접 체험한 군인에 대한 시민들의 대우는 감동적이었다. 아웃렛 매장 등에서는 쇼핑을 할 때 군인에 대해서 5~10% 정도의 군인 할인(military discount) 제도를 별도로 두고 있는 경우가 많다. 주요 공항에는 군인 전용 휴게실이 있고, 비행기에 탑승하기 위해 대기하고 있을 때에는 '군인'들을 일반 승객보다 먼저 탑승시킨다.

공연장 등에서 행사를 할 때는 군에 복무 중인 사람들이 있다면 자리에서 일어나라고 안내해서 나머지 관객들이 그들에 대한 감사의 표시로 큰 박수를 보내기도 한다.

전 세계적으로 유명한 테마파크 중의 하나인 씨월드(Sea world)도 이에 동참하고 있다. 세계에서 가장 큰 공군기지가 있는 미국 샌 안토니오에 위치한 씨월드는 군인들에 한하여 1번의 무료입장권을 제공한다. 2007년 미국 교육 당시 무료입장권 혜택으로 저자의 가족 전체가 입장할 수 있었다. 1인당 입장료가 약 50불(5만5천 원 정도)인 점을 감안하면 4인 가족 기준으로 약 22만 원의 혜택을 보았다.

한국과는 너무나 다른 모습이다. 한국에서 군인들은 군복을 입고 거리에 나서는 것을 반기지 않는다. 대부분의 어른들은 군대를 다녀왔기 때문에 "나도 너 만큼 고생했다."는 속마음이 있다. 그래서인지 군인들을 보아도 대수롭지 않게 여긴다. 군인들에 대한 부정적인 인식은 군납비리, 방산비리도 일부 원인이 있지만, 과거 군사정권 아래서 행해졌던 부정적인 그림자들이 아직까지 많은 국민들의 가슴속에 남아있기 때문이다. 아직까지 대한민국 사회에서 군복 입은 사람들은 사회적인 약자다.

하지만 아무리 곰곰이 생각해봐도 군인만큼 명예로운 직업은 없다. 그 어떤 직업이 국가를 방위하고 국민의 생명과 재산을 지키는가. 개인주의를 넘어 나만 잘살면 된다는 이기주의가 지배적인 세상에서 군인들의 가치는 더욱 빛날 것이다. 국가와 국민을 위해 희생하고 봉사하는 사람들이 대우를 받고 인정을 받는 사회가 당연한 사회고 그런 사회를 우리는 선진국이라 부른다.

　잘 사는 나라 가운데 군인들을 함부로 대하는 나라는 없다. 군인들이 진정한 존경의 대상이 되는 나라가 제대로 된 나라이다. 우리 국민들의 의식도 머지 않아 바뀔 것이다. 자신들을 위해 목숨을 내놓고 근무하는 군인들의 참된 희생과 봉사를 알아줄 것이다.

　군인들에게 있어서 군복은 인생의 마지막 날에 입는 수의나 마찬가지다. 군인들이 군복을 자랑스럽게 입고 거리를 걸을 수 있는 날이 곧 올 것이다.

이사와 자녀교육
생각하기 나름이다

군인들의 생활을 이야기할 때 빠지지 않는 스토리가 이사에 대한 부분이다. 군 선배들을 만나보면 군 생활 30년 동안 이사를 열 번, 스무 번도 더 했다는 이야기를 자주 듣는다.

군인들은 이사를 얼마나 자주할까? 한 자리에서 2년 정도 근무하는 것이 일반적이다. 물론 짧게는 1년에서 길게는 3년까지 근무하는 경우도 있지만 통상 2년 정도로 보는 것이 무난하다. 2년 뒤에는 또 다른 자리로 이동해야 한다. 이동하는 지역이 인근 지역이라면 이사할 필요는 없지만 전 근무지와 멀리 떨어져 있다면 이사는 선택이 아닌 필수다.

그렇다면 군인들은 왜 보직을 자주 바꿀까? 이 부분은 일반 회사와 다르지 않다. 기업에서도 한 자리에 오래 머무는 경우도 있지만 2~3년에 한 번 정도는 자리를 옮기는 것은 흔하다. 군인과 별반 차이가 없다. 다만, 옮기는 자리가 같은 건물이거나 동일한 지역이기 때문에 이사를 할 필요가 없는 것뿐이다.

군인들은 유사시 영토를 수호하고 국민의 생명과 재산을 지켜야 하는 막중한 임무를 수행해야만 한다. 서쪽의 백령도에서부터 동쪽의 독도와 남쪽의 마라도, 이어도에 이르기까지 우리나라의 모든 육지와 바다와 하늘은 국민들의 생활 터전이다. 바다와 하늘에는 보이지 않는 정해진 길이 있고 바다 밑에도 장애물투성이다.

평소 근무를 통해서 지형과 지역을 익히고 상급부대에서부터 말단의 작은 부대에 이르기까지 다양한 직책을 경험하고 여러 가지 훈련을 거쳐야만 전국 어느 곳에서든 군인으로서의 임무를 수행할 수 있다. 그래서 우리나라 영토, 영해, 영공 어느 곳에나 군인들이 24시간 두 눈을 부릅뜨고 근무하고 있는 것이다.

그렇다고 모든 군인들이 자주 이사를 하는 것은 아니다. 군인의 세계는 생각보다 다양하다. 머릿속에 떠오르는 군인의 이미지, 즉, 휴전선을 눈앞에 두고 소총을 든 군인들만 군인이 아니다. 최전방 군인들의 전투력을 유지시키고 향상시키기 위하여 또 다른 많은 수의 군인들이 전국 각지에서 근무하고 있다.

해군에는 조함(造艦)병과가 있다. 한자를 풀이해보면 군함을 만드는 업무를 수행하는 병과이다. 이들의 업무는 군함을 설계하고 만드는 것이다. 해군의 조함병과는 근무지가 단 한 곳이다. 평생을 한 곳에서 일한다. 잠수함 병과도 유사하다. 현재 해군에는 잠수함 기지가 몇 군데 되지 않는다. 잠수함 근무자들의 근무지역이 정해

져 있어 이사를 걱정할 일이 거의 없다. 군인이라고 다 같은 군인이
아니다.

공군의 무장병과나 정비병과도 마찬가지다. 공군은 비행단별로
특정 전투기가 배치된다. 전투기별로 무기체계도 정해져 있기 때문
에 무장이나 정비 특기는 대개 같은 부대에서 계속 근무하게 된다.
한 부대로 배치되면 10년 넘게 근무하는 경우도 많다.

육군 부사관의 경우는 다소 특이하다. 과거에는 최초 배치받은
부대(지역)에서 평생 근무하기도 하였는데 지금은 5~7년 주기로 부
대를 이동하면서 근무를 한다. 군인의 세계는 생각보다 넓고 다양
하기 때문에 이사 문제가 모든 군인에게 공통적으로 적용될 것이
라는 고정관념을 버리는 것이 중요하다. 장교로 갈지 부사관으로
갈지, 또 어떤 병과를 선택할지에 따라 결정된다.

군인들이 이사를 자주한다고 가정할 때 이는 꼭 불평할 일만은
아니다. 근무지를 옮겨서 근무함에 따른 장점도 있다.

첫째, 다양한 지역에서 다양한 경험을 할 수 있다. 우리가 여행
을 갈 때 똑같은 지역에 매번 여행을 가지는 않는다. 다른 곳에 새
로운 것이 더 많기 때문이다. 이사도 마찬가지다. 2~3년에 한 번씩
옮기는 과정은 삶의 여행과 같은 신선한 기분을 선사한다. 생각하
기 나름이다.

둘째, 이사하면 떠오르는 스트레스가 상대적으로 훨씬 적다. 이

사를 하기 위해서는 살던 집을 부동산에 내놓아야 하고, 이사할 집을 구해야 한다. 집을 보러 가야 하고 전셋값이 부족하지는 않는지 고민도 해야 한다. 군인의 경우 관사가 지원되고 이사비도 지급되기 때문에 이사에 대한 스트레스가 생각보다 덜 하다.

셋째, 전국 어느 곳이든 아파트 청약이 가능하다. 군인들은 거주지를 자주 이전하기 때문에 한 지역에 오래 머무르지 못한다. 한 지역에 일정 기간 이상 거주해야만 아파트 청약기회가 부여되는데 군인들은 정상적인 경우라면 청약을 통한 아파트 당첨이 불가능하다. 그래서 군인들에는 예외를 인정하고 있다. 군인들은 자신들이 원하는 어느 지역에서든 청약이 가능하다. 물론 군인들을 위한 특별 분양도 있다. 부동산에 대한 관심을 가진다면 내 집 마련도 그리 어려운 일은 아니다.

이사를 자주 함에 따른 군인 본인들의 불편은 사실 크지 않다. 이사에 따른 가장 큰 부담은 자녀 교육과 관련된 부분일 것이다. 그런데 곰곰이 생각해보면 자녀교육 부분도 그렇게 큰 문제가 아니라는 점을 깨닫게 된다.

중요한 것은 이사로 인한 자녀교육의 문제보다는 가족의 상황이다. 가정이 화목하고 행복하다면 자존감 높은 아이로 성장할 것이고 그런 자녀들은 어떤 지역으로 이사해도 잘 적응하기 마련이다. 중요한 것은 이사가 아니다.

이사가 잦은 군인의 특성상 군인 자녀를 위해 국가가 마련한 혜택이 있다는 점은 다행이다. 첫 번째가 군 자녀들을 위한 대입 특별전형 제도이다. 국방부는 전국 124개 대학과 협약을 체결하여 군인자녀의 대학 특별전형을 허용하고 있다. 주로 20년 이상 근무한 군인공무원 자녀가 대상이다. 실제로 매년 상당수의 군인자녀들이 혜택을 받고 있다. 해당 대학에서 일정 인원을 군 자녀들을 위한 몫으로 배정하고 군 자녀 간 경쟁을 통하여 입학생을 결정하기 때문에 보다 유리한 조건에서 입시를 치를 수 있다.

둘째, 전국에 있는 군 자녀 기숙사를 이용할 수 있다. 국방부는 학업을 위해 가족과 떨어져 지내는 자녀들의 공부를 위해 서울 4개 지역을 비롯해 전국에 12개의 기숙사를 운영 중이다.

100세 시대에는 제2, 제3의 직업을 갖게 된다. 대학 졸업장 하나로 평생을 책임지는 시대는 지났다. 대학 졸업장보다 중요한 것은 평생 배우는 자세다. 그런 아이로 키우면 되는 것이다.

아이들은 부모의 태도를 배우고 자란다. 자녀교육에서 중요한 것은 부모가 자녀들에게 공부하는 모습을 보여주는 것이다. 독서하고 토론하고 대화하는 모습은 그 자체로 자녀에게 훌륭한 공부가 된다. 이사로 인한 환경의 변화가 자녀교육에 영향을 미치겠지만 부모의 영향보다 크지는 않다. 인터넷이 활성화된 시대에 지역별 교육환경의 편차는 줄어들 것이다. 부모의 관심과 사랑이 자녀교육에 더 중요하다. 그래서 이사로 인한 자녀교육은 받아들이고 생각하기 나름이다.

인터넷 시대,
사회와 단절된 곳은 없다

부사관이나 장교로 임관하기 전에 몇 주간의 군사훈련을 받는다. 인생에서 가장 힘든 시간을 보내면서 군인으로 거듭나는 시기다. 그리 길지 않은 시간이지만 사회와 완전히 단절된 시간을 보낸다.

그 시간에는 군대 이외의 모든 것이 새롭다. 심지어 종교 활동에 참가하여 민간인(?)을 보는 것만으로도 기분이 좋다. 병으로 의무 복무를 한다면 군 생활 동안 사회와 일시적인 단절은 불가피하다.

부사관이나 장교도 그럴까? 인터넷이 있고, TV가 있고, 휴대전화가 있고 무엇보다 퇴근이 있기 때문에 사회와의 단절이 아닌 도심에서 떨어진 곳에서의 생활에 대한 불편함이 보다 정확한 표현일 것이다.

꼭 도심에서 살아야 할까? 이 시대에 누구보다 바쁘게 사는 사람들이 있다. 기업을 운영하는 CEO들이다. 그들은 매일 생존을 위한 전투를 벌인다. 사업하는 사람들은 서울, 그중에서도 강남이나

PART 03 ··· 군인공무원 제대로 알기

여의도 등의 핵심 상업지역에서 일하길 원한다. 교통도 편하고 사람들과 약속을 잡기도 쉽기 때문이다. 하지만 그만큼 많은 비용이 발생한다.

　지인 중에 사업을 하는 분이 있다. 일주일에 하루만 일하면서도 월 수천만 원의 이익을 남기는 어마어마한 사업가다. 여러 개의 기업을 소유하고 있고 지금도 계속 창업을 하고 있다. 그런데 이분은 강원도의 조그만 도시에 살고 있다. 그곳에서 사업을 하는 것이다. 상식적으로 이해가 되지 않았다. 사업을 하려면 많은 사람들을 만나야 하고 그러려면 당연히 큰 도시에 있어야 한다고 생각했기 때문이다. 사실 이분도 10년 전까지만 하더라도 서울의 강남에서 크게 사업을 했던 사람이다.

　그분의 말은 인상적이었다. "사업을 하려면 오히려 강원도 두메산골로 가야 합니다. 그것이 사업하는데 더 유리합니다. 시골에 있으면 사람들을 만나고 싶어도 만날 수가 없어요. 너무 멀어서 접대는 꿈도 못 꿉니다. 그래서 웬만한 일은 전화 한 통화로 다 해결됩니다. 그렇게 편할 수가 없습니다." 역시 돈 버는 사람은 생각하는 것이 남다르다는 것을 느꼈다.

　이분은 SNS도 하지 않는다. 시도 때도 없이 울려대는 카카오톡이나 페이스북은 자신의 시간을 방해하기 때문에 이 메일이나 휴대폰 문자 메시지만 이용한다. 인터넷이 연결된 컴퓨터와 휴대전화 한 대만 있으면 어디에서든 사업이 가능하기 때문이란다. 사업을 위하여 오히려 대도시와 단절된 삶을 선택한 진정한 사업가다.

생각하기 나름이다. 주위에 스포츠 센터가 있으면 이용자로 붐빌 것 같지만 이용자는 정해져 있다. 운동에 대한 관심과 의지가 있는 사람들이다. 집 옆에 스포츠 센터가 있건 없건 운동할 사람은 어디서나 운동을 한다.

문화생활도 마찬가지다. 도시 사람들이 모두 문화혜택을 누리고 살 것 같지만 그렇지 않다. 요즘은 군(郡) 소재지 정도면 공연장이 잘 갖추어져 있다. 웬만한 도시보다 더 많은 공연과 영화를 상영한다. 아주 저렴한 가격에 매월 다양한 공연이 열린다. 시골의 문화 여건이 예전과는 많이 달라진 것이다. 1만 원을 내고 보는 영화와 4천 원을 주고 보는 영화는 똑같다. 의지가 있는 사람은 어디에 있건 할 것은 다 챙겨서 한다.

시골에 있다는 장점을 잘 활용하면 도시에 사는 것 못지않은 혜택을 누릴 수 있다. 출퇴근 시간이 여유롭고, 깨끗한 자연환경 속에서 살 수 있다. 가장 큰 주거비 부담도 낮다. 같은 소득이라면 대도시에 비하여 삶의 질이 월등히 높아진다.

본인의 의지에 따라서 어떠한 환경에서도 충분히 만족하며 행복하게 살 수 있다.

2016년에 있었던 꼴통쇼에서 만난 타로 마스터 정회도 대표의 이야기는 큰 울림을 주었다. 한 여성이 자신에게 공개 상담을 신청했다. 남편이 대기업에 근무하는데 조직개편으로 서울에서 거제도로 발령을 받아 주말부부가 되었단다. 남편은 금요일 늦게 올라와서 일요일 일찍 지방으로 내려가는데 같이 있는 시간이 작아 본인이 행복하지 않아서 힘들다는 것이었다. 직장을 그만두고 내려가야 할지 아니면 좀 더 기다려야 할지를 궁금해했다.

정회도 대표는 이렇게 조언했다. "스스로 행복하지 않으면 둘이 있다고 행복하지 않습니다. 스스로 행복한 사람이 둘이 있을 때 더 행복합니다. 남편이 없더라도 행복한 상황을 찾는 것이 중요합니다. 그러한 일들을 주위에서 찾아보세요." 결혼도 하지 않은 젊은이가 어떻게 저런 말을 할 수 있는지 감탄하면서 들었던 기억이 난다. 행복은 내 안에 있다는 이야기다.

모든 부대가 시골에 주둔하고 있는 것도 아니다. 국방부, 합동참모본부, 육·해·공군 본부, 각 군 교육사 등은 서울을 비롯하여 주요 도시에 위치하고 있다. 더군다나 해군이나 공군의 주요 부대는 도심에 위치하고 있다. 해군은 항구가 있는 부산이나 인천, 평택 같은 곳에 있고, 공군은 활주로가 있는 수원, 대구, 오산, 청주 등의 곳에 위치한다. 육군의 경우에도 수도 서울을 방어하기 위해서 수도권에 주요 부대가 집중배치되어 있다.

도심과 먼 곳에서 근무하는 군인의 수만큼 도시에서 근무하는 군인들도 의외로 많다. 그러니 크게 걱정할 필요 없다.

시골이라고 해서 사회와 단절된 삶을 사는 시대는 지났다. 사업을 위해 의도적으로 서울을 떠난 사람도 있다. 독학만으로 마케팅, 부동산 명강사로 이름을 날리는 사람도 있다. 정보화 시대에 사회 어느 곳에나 연결된 삶을 살고 있다. 퇴근이 있는 군인들도 마찬가지다. 본인의 의지와 노력이 중요하다.

직업 위험도가 낮다

국방부에서는 군 생활 중에 발생할지 모를 사고에 대비하기 위해 군인들을 대상으로 보험에 가입한다. 군인들 개개인을 피보험자로 하여 매년 단체보험에 가입한다. 단체보험은 실비보험 성격이기 때문에 입원을 동반한 치료의 경우 실비를 지급한다. 물론 개인적으로 실비보험에 가입하기도 한다.

보험에 가입하려면 피보험자의 직업을 반드시 알려야 한다. 직업별 위험 등급표에 따라 위험도가 높으면 보험료가 올라가고 위험도가 낮으면 보험료가 싸기 때문에 피보험자의 직업은 보험가입 시 매우 중요한 정보 가운데 하나다.

직업별 위험 등급표는 돈 버는 전문가인 보험회사들이 과거 보험금 지급 통계자료를 바탕으로 만든 것이다. 그동안 어떤 직업군이 사고를 많이 당했는지를 분석해서 위험도가 높은 직업 종사자에게 보험료를 더 많이 받도록 하기 위해서 만든 것이다. 실적에 바탕한 자료이기 때문에 신뢰성이 높다고 할 수 있다. 위험도를 잘못 추정할 경우 보험회사는 큰 손실을 감수해야 하기 때문이다.

　국내에서 유명한 보험사에 근무하는 설계사로부터 군인에 대한 직업 위험도를 문의해보았다. 보험사별로 다르지만 이 회사는 직업별 위험도를 총 5개 등급(1급~4급, 비 위험)으로 관리하고 있었다. 1급이 가장 위험도가 높고 4급이나 비 위험으로 갈수록 위험도가 낮다. 사무직의 경우 대부분 비 위험 등급을 적용받는다.

　군인들의 위험도는 몇 급일까? 여러분들이 생각하는 군인들의 이미지를 그려보자. 최전방에서 총을 들고 경계근무를 서고 있는 군인들의 이미지나 훈련장을 뛰어다니며 땀 흘리고 있는 군인들일 것이다. 그들의 위험도는 꽤나 높을 것 같아 보인다.

　일단, 영관장교(소령, 중령, 대령)는 비 위험 등급에 해당한다. 군인이지만 보험회사는 위험이 전혀 없다고 평가하는 것이다. 비 위험 등급은 국회의원, 대기업 사무직과 같이 업무 위험이 거의 없는 직업군에만 적용하는 등급이다. 영관장교가 대기업 사무직과 동일한 비 위험 등급을 적용받는다는데 놀랄 것이다. 영관장교는 우리나라에서 가장 안전한 직업 가운데 하나다.

　위관장교의 직업 위험도는 4급이다. 장기 복무 부사관의 위험등급은 3급이다. 3급 정도면 5개 등급 가운데 중간 정도의 직업 위험도를 가진다. 영관장교, 위관장교, 부사관 전체를 평균해보면 직업

군인의 위험도는 4급 정도로 평가할 수 있다. 사회의 어떤 직업보다도 안전하다는 것을 의미한다. 물론 특수한 임무를 수행하는 군인들의 위험등급은 매우 높다.

군인이 위험하다고 생각하는 데는 그동안 언론에 보도된 사건들이 큰 영향을 끼쳤다. 군에서 발생한 사고가 거의 실시간으로 보도되기 때문이다. 군에서 발생한 사건·사고는 언론의 입장에서 국민들의 눈과 귀를 끌기에 좋은 기사거리가 되기 때문에 뉴스로 보도되는 경우가 많다. 그러다 보니 군에서 많은 사건·사고가 발생하는 것처럼 보이는 것이다. 일반 산업현장에서 부상을 입었다고 기사화되는 경우는 많지 않다. 흔하기 때문이다.

통계적으로 항공기 사고 발생률은 일반 교통사고 발생률보다 매우 낮다. 그럼에도 많은 사람들은 비행기를 탈 때 비행 공포증을 느낀다. 항공기 사고는 한번 일어나면 대규모 희생자가 발생하고 언론에 크게 보도되기 때문에 이런 항공기 사고의 특성상 사람들은 비행기가 위험하다고 생각하는 것이다. 실제로 항공기는 버스나 자동차보다 매우 안전한 데도 말이다.

일부 특수한 업무를 수행하는 군인을 제외하고 직업 군인은 그렇게 위험한 직업이 아니다. 보험회사들이 평균 이하의 위험등급으로 인정한 직업이다.

군인들의 직업 위험도가 낮은 이유를 생각해보았다. 군대는 실전에 가까운 훈련을 하지만 안전도 우선시한다. 남의 집 귀한 자식을 무사히 집으로 복귀시킬 의무가 군에 있기 때문이다.

MBC의 〈진짜 사나이〉란 프로그램을 보면 유격훈련을 하는 장면이 나온다. 높은 암벽에서 줄 하나에 의지해서 내려오는 경우도 있고 계곡 사이 위태롭게 설치된 로프를 타고 맨몸으로 건너기도 한다. 인간의 한계를 시험하는 곳이기에 이를 처음 체험하는 연예인들은 성공한 뒤 눈물을 흘리고 스스로 대견해 하며 이를 지켜보는 시청자들 또한 자신의 일처럼 몰입하면서 감동을 받는다. 유격훈련을 하다가 자칫 부상이라도 당하면 몸값 높은 연예인들은 손실이 이만저만이 아니다. 그럼에도 극한의 유격훈련을 체험케 하는 것은 그만큼 안전을 확보한 상태에서 진행하기 때문이다.

공무원의 업무 중 상당수는 주기적으로 반복된다. 군의 업무도 크게 다르지 않다. 일정한 시간이 지나면 장비를 점검하고, 인원을 확인하고 주기적으로 훈련을 실시한다. 반복된 시간이 쌓이고 쌓여서 군의 전투력이 향상된다. 군대는 기업과 달리 생산성을 목표로 하지 않는다. 전투력 유지 및 향상에 목적이 있기 때문에 '안전제일'은 기업이 아닌 군대에서 더 철저하게 지키는 덕목이다.

군도 작은 사회와 같다. 사회처럼 위험한 일도 있고 그렇지 않은 일도 있다. 전투업무를 수행하는 군인들도 있지만 이들을 지원하는 수많은 지원병과 군인들이 있다. 그래서 군인의 직업 위험도가 군인마다 다른 것이다. 장성보다는 영관장교가, 영관장교보다는 위관장교와 부사관의 위험도가 높을 수밖에 없다.

지원병과 군인보다는 전투병과 군인이 위험도가 높다. 필드에서 많이 활동할수록 위험도가 증가하는 것이다. 군인의 위험도는 어떤 업무를 맡느냐에 따라 천차만별이며 일반 사회와 크게 다르지 않다.

평시에는 그렇다 치더라도 군인들이 전시에 더 위험하지 않느냐고 생각하는 사람들이 있을 것이다. 현대전은 총을 들고 땅따먹기 하는 식의 전쟁이 아니다. 한국전쟁 때처럼 남쪽으로 피난을 가거나 하는 그런 일은 더욱 없을 것이다. 정밀 유도무기로 핵심시설을 파괴하는 것으로 전쟁은 종결될 것이다. 인명을 노린다면 생화학무기가 사용될 수도 있다. 방독면과 개인 무기를 휴대하고 있는 군인들이 일반 시민들보다 생존에 유리한 조건을 갖추고 있다.

군인들의 위험도는 앞으로 더욱 줄어들 것이다. 군사 분야에도 첨단기술이 접목되어 로봇들이 위험한 작전을 대신할 것으로 예상된다. 이미 경계로봇, 폭발물 제거 로봇 등이 활동하고 있다. 드론도 다방면에서 활약할 것이다. 출산율 감소로 인한 병력자원 감소와 기술의 발전으로 병력의 상당 부분을 첨단무기와 로봇 등의 기계가 대신하게 될 것이다. 인력은 꼭 필요한 곳에만 투입될 것이고 군인들의 위험도는 그만큼 크게 줄어들 것이다. 군인이 위험한 직업이라는 것은 보통 사람들의 고정관념인 것이다.

군인도 정년을 보장한다

국가공무원법(제74조)에 따르면 공무원의 정년은 60세다. 급여는 작아도 눈치 보지 않고 정년 동안 근무할 수 있기 때문에 공무원을 선호한다. 거기에다 퇴직 후 받는 연금까지 생각하면 일반기업보다 평생 받는 소득은 공무원이 오히려 높을 수 있다.

군인의 정년은 공무원 중에서도 가장 짧다. 대령은 만 56세, 중령 53세, 소령 45세, 대위 43세, 원사 55세, 상사 53세, 중사 45세다. 이를 계급정년이라 한다. 예를 들어 소령이 45세까지 중령으로 진급하지 못하면 소령으로 전역해야 한다. 공무원들의 경우 계급정년이 없기 때문에 7급도 60세까지 근무가 가능하다.

하지만 정년을 보장하는 군인도 있다. 특히 부사관의 경우 정년이 53세까지 보장된다. 하사에서 상사까지는 근속진급 제도를 통하여 개인적인 문제가 없는 한 자동 진급하기 때문이다. 근속승진 제도는 하사로서 5년 이상, 중사로서 11년 이상 근무하면 중사와 상사로 진급시키는 제도다. 53세 정도면 공무원에 비해서는 짧지만 최소한의 안전장치는 되는 셈이다.

정년이 짧아서 문제가 되는 경우는 부사관이 아닌 장교다. 소령은 만 45세, 대위는 43세가 정년이다. 그런데 소령의 경우 45세 정년은 큰 문제가 되지 않는다. 45세 전역을 해도 대부분 군인 연금 대상자에 해당되기 때문이다. 만 23세에 정상적으로 졸업을 하고 소위로 임관한 소령이라면 22년간 군 복무를 했기 때문에 전역 후에 바로 군인연금을 받을 수 있다. 군인연금과 새로운 직장에서 받는 급여를 더하면 웬만큼의 수입은 되기 때문에 군인의 정년은 큰 문제가 안 된다.

문제는 대위 계급이다. 대위의 정년은 43세다. 대학교를 정상적으로 졸업하고 소위로 임관했다면 43세면 군에서 20년을 근무할 수 있다. 연금수혜 대상이 될 가능성이 높지만 안 될 가능성도 있다. 재수를 했거나 휴학 등으로 인하여 늦은 나이에 임관했다면 1~2년 차이로 군 복무 기간 20년을 못 채울 가능성이 있기 때문이다. 이래서 군대는 일찍 가는 것이 좋다. 철저한 계급사회라는 점도 있지만 군 복무 기간 20년을 채우기도 유리하기 때문이다.

우리는 100세 시대를 살고 있다. 4차 산업혁명 시대라고도 한다. 예전처럼 한 직장에서 정년을 맞이하던 시대가 아니다. 한 직장에서 근무하는 시기가 점점 짧아지고 있는 것이다.

30년 전만 하더라도 환갑잔치를 매우 흔하게 볼 수 있었다. 환갑잔치는 장수를 의미하는 축하의 자리였다. 하지만 지금은 칠순 때 가족끼리 외식하는 정도로 수명이 늘어났다.

평균수명이 짧을 때는 한 직장에서 일하다 60세에 퇴직했다. 은퇴 후 10~15년 노후를 보내다 삶을 정리하는 것이 일반적이었다. 하나의 직업으로 살아가는 것이 가능한 시대였다.

우리나라의 평균 수명은 2016년 평균 85세를 넘었다. 60세에 은퇴하더라도 경제적으로 자유로운 사람은 거의 없다. 자녀 뒷바라지와 본인들의 노후 준비로 대부분 제2의 직업을 갖는다. 한 직장에서 근무하는 기간도 점점 짧아지고 있다. 인생 2모작을 넘어 3모작 이상을 내다봐야 하는 시대가 도래한 것이다. 평생직장은 사라진 지 오래다. 평생 현역으로 살아야 하는 시대가 되었다.

평생 직업의 시대에는 여러 개의 직업을 거쳐야 한다. 지금의 학생들이 사회에 나오는 시기가 되면 3개 이상의 직업을 가져야 할지도 모른다. 제2의 직업은 필수요 제3, 제4의 직업은 선택이 되었다. 이런 시대에 60세까지 정년을 보장하는 직업이 축복일까? 곰곰이 생각해볼 문제다

오히려 정년이 긴 직업이 더 위험할 수 있다. 제2의 직장을 얻기에 60세는 너무 늦은 나이다. 기업의 체감 정년이 50세라고 한다.

50세에 나와도 우리 사회에서 할 수 있는 일은 많지 않다. 반듯한 직장을 구하기가 어렵다.

50세 이후에도 안정적인 직업을 유지하기 위해서는 부단한 자기계발이 필요하다. 기업이 아무리 힘들다 하더라도 필요한 인재는 절대로 내치지 않는다. 하지만 60세라면 다시 생각해봐야 한다. 공무원이 60세까지 보장받는다는 점에서는 장점일지 모르지만 은퇴 이후의 경제활동을 고려한다면 60세까지 근무하는 것은 오히려 독이 될 수도 있다.

이제 직장을 옮기는 것은 필수가 되었다. 제2의 직업을 언제쯤 갖는가에 대한 문제는 중요하다. 군인도 마찬가지다. 대부분의 장교들이 소령까지는 진급한다고 볼 때 소령의 정년은 만 45세다. 소령은 만 45세에 사회로 나가야 한다. 100세 시대에 40대에 강제로 전역해야 하는 소령은 장기적인 관점에서 재앙이 아니라 축복일 수 있다. 20년 근무로 군인연금의 혜택을 누리면서 40대의 젊은 나이로 사회에서 못할 일이 없다.

만 45세가 정년인 소령은 오히려 중령보다 나을 수 있다. 만 53세에 전역한 중령이 사회에서 할 수 있는 일은 많지 않다. 군 경력으로 취업한다 하더라도 길어야 3년 내외의 기간만 보장되는 것이 현실이다. 소령보다 더 오래 근무하고 전역 후 연금이 많다는 것은 중령이 소령보다 나은 점이다. 하지만 제2, 제3의 직업을 얻어야 하는 관점에서 보면 소령이 중령보다 훨씬 나을 수 있다. 중령이라 하더라도 40대 중반에 전역하는 것을 심각하게 고려하여야 한다.

부사관도 마찬가지다. 53세 정년만 바라보지 말고, 상위 계급으로 진출하는 것만 바라지 말고 전역 시점을 미리 정하고 그에 대비하는 노력이 필요하다. 노후와 더 먼 미래를 위해서다. 발상의 전환이 필요하다.

군인들은 제2의 직장을 갖는 데도 유리하다. 10년 이상 복무하면 전직지원교육 기회를 제공한다. 일종의 사회 적응기간이다. 최소 10개월에서 길게는 12개월까지 전역과 취업을 준비할 수 있다. 전직지원교육 기간은 사실상 휴가나 다름없다. 직무에서 벗어나 교육 등을 받으면서 개인적으로 준비하는 기간이기 때문이다. 10개월은 새로운 직업을 갖기에 충분한 기간이다. 갑자기 전역하는 경우는 거의 없으므로 전역 1~2년 전부터 준비하면서 전직지원교육 기간을 잘 활용하면 충분히 사회적응이 가능하다고 생각한다. 군인이 좋은 또 하나의 이유다.

단기복무 군인들은 3년 근무하는 것보다는 최대한 복무 기간을 연장해서 6~7년 근무하는 것이 유리하다. 경단녀(경력 단절 여성)가 아니라 경단남(경력 단절 남성)이나 학단남(학력 단절 남성)이 된다. 3년간의 군 생활은 남자라면 누구나 하는 경험이다. 소위, 중위로 3년을 보내봐야 바쁜 일상 속에 제대로 된 업무를 배우는 데 한계가 있다.

그래서 3년 미만의 군 생활은 기업에서 경력으로 잘 인정해주지 않는다. 3년 미만의 군 생활은 경력을 쌓는 것이 아니라 오히려 군에 와서 배움이나 경력이 단절되는 기간이 될 수 있다. 군 생활을 단점이 아닌 장점으로 활용할 필요가 있다.

6~7년 정도 근무하면 대위로 3년 정도 복무할 수 있다. 소위, 중위를 거쳐 바닥을 다지고 나면 그 뒤부터는 자신의 전문분야에 대한 경력을 본격적으로 쌓는 시기가 된다. 3년 복무해서 경력단절을 택하기보다는 6년 근무해서 경력을 쌓고 사회에 진출하는 것이 유리하다.

나이도 만 29세에서 30세가 되기 때문에 사회의 신입사원 나이와 큰 차이가 없다. 경력직으로 인정받을 수 있기 때문에 결코 많은 나이가 아니다. 이미 당신의 손에는 6년 동안 모은 목돈이 있기에 사회의 친구들에 비해 매우 유리한 위치를 점할 가능성이 높다.

100세 시대에는 하나의 직업만으로 살아갈 수 없다. 군 정년이 짧다는 것은 100세 시대에 오히려 기회로 봐야 한다. 소령은 무조건 45세에 전역해야 한다. 사회생활을 준비할 수밖에 없다. 전역할 시점이 명확히 정해진 사람과 정년이 많이 남은 사람 중에서 누가 더 현실을 인식하고 미래에 대해서 진지하게 고민할까? 당연히 정년이 짧은 사람이다.

막다른 길에 다다른 사람은 치열하게 준비할 수밖에 없다. 100세 시대에 군인의 정년은 아무런 문제가 되지 않는다.

전역 후 취업,
어렵지 않다

　나의 마지막 근무지는 방위사업청이다. 방위사업청에는 군인과 공무원들이 절반 정도씩 근무하기 때문에 퇴직 공무원들을 많이 만날 수 있다. 중위 때 인연을 맺었던 3급 부이사관님께서 정년퇴직을 앞두고 1년간 공로연수에 들어간다고 하여 식사를 사주셨던 기억이 있다.

　공무원 공로연수는 정년퇴직을 앞두고 있는 공무원이 사회에 잘 적응할 수 있도록 퇴직 전 일정기간 동안 준비기간을 부여하는 제도다. 공로연수가 끝남과 동시에 정년퇴직을 한다. 공로연수 기간 동안 공무원 신분이 유지되며 수당을 제외한 급여도 그대로 받는다. 사실상 유급 장기 휴가나 다름이 없으며 이 기간 동안 취업 준비나 은퇴 준비를 하는 것이다.

　일반공무원에게 적용되는 이 제도는 정년 퇴직일을 기준으로 5

급 이상은 1년, 6급 이하는 6개월 전에 신청할 수 있다. 즉, 5급 이상은 1년, 6급 이하는 6개월간의 공로연수를 받을 수 있다. 정년이 1년 이상 남아있는 공무원은 공로연수를 신청할 수 없는 것이다.

군인들에게도 이와 유사한 제도가 있다. 국방부에서는 5년 이상 복무한 군인들에게 전직지원교육 기간을 부여한다. 군에서 성실히 복무하고 명예롭게 전역하는 군인들이 재취업하여 전역 후에도 안정적인 생활을 이어갈 수 있도록 지원하기 위해 마련한 제도이다.

전직지원교육 기간은 복무 기간에 따라 1개월에서부터 12개월까지 차등하여 적용한다.

복무 기간을 기준으로 5년~7년 미만인 경우 1개월, 7년~9년 미만인 경우 2개월, 9~10년 미만인 경우 3개월을 부여한다. 복무 기간이 10년~27년 미만이면 10개월, 27년~30년 미만이면 11개월, 30년 이상이면 12개월을 부여한다.

10년 이상만 복무해도 무려 10개월의 준비 기간을 부여받을 수 있다. 전직지원교육 기간 동안에는 군인의 신분을 유지하므로 일부 수당을 제외하고는 급여가 고스란히 지급된다. 전직지원교육을 마침과 동시에 전역을 한다.

공무원 공로연수 제도와 군인의 전직지원교육은 그 성격이 유사하지만, 전직지원교육이 공로연수에 비해 훨씬 유리하다. 첫째, 공로연수는 정년퇴직을 1년 앞둔 상태에서만 신청이 가능하다. 공무원 정년이 60세이기 때문에 59세 전에 퇴직하고자 하는 사람들은 공로연수를 받을 수 없다. 59세까지 공무원으로 근무하지 않으면 공로연수 혜택을 못 받는 것이다. 하지만 군인의 경우 정년에 관계없이 순수하게 군에서 복무한 기간에 비례하여 전직지원 교육 기간을 부여한다. 10년 미만인 경우에는 1~3개월, 10년 이상 복무한 경우에는 10~12개월의 교육 기간을 부여하기 때문에 군인의 정년과 관계없이 전직지원 교육을 받을 수 있다.

둘째, 계급에 따른 차등이 없다. 공무원의 경우 5급 이상은 1년간의 공로연수를 갈 수 있지만 40년 이상을 6급 공무원으로 근무했다 하더라도 6급이기 때문에 6개월만 공로연수를 갈 수 있다. 하지만 군인들은 계급에 따라 차등하지 않고 군에서 복무한 기간에 따라 교육기간을 부여하기 때문에 공로연수 제도에 비해 합리적이다.

셋째, 군인들의 경우 재취업을 위한 전직교육을 실시하고 이와 관련된 교육비를 지원한다. 10년 이상 장기 복무한 군인들을 기준으로 국내의 다양한 교육기관에 개설된 강의를 들을 수 있고 총 300만 원 내외의 교육비를 사용할 수 있다. 공무원의 경우 재취업을 위한 전문 교육기관이 별도로 없다. 정년을 앞둔 공무원들을 대상으로 은퇴준비 기간을 부여할 뿐이다.

10년 이상 장기 복무한 군인들에게 10개월의 전직지원교육 기간을 부여하는 것은 매우 큰 혜택이다. 군 복무한 기간의 거의 10%에 해당하는 시간이기 때문이다. 이 기간 동안 군 생활을 정리함과 동시에 사회에서의 재취업을 위한 준비시간을 가질 수 있어 재취업에 유리하다.

하지만 장기복무 제대 군인들에게 취업은 쉽지 않다. 실제로 5년 이상 복무한 제대군인 10명 중 6명 만이 취업에 성공하고 그나마 6명 중 4명은 비정규직이라는 조사결과도 있다. 모든 취업이 다 그렇겠지만 군인도 군인 나름이다.

내가 근무했던 방위사업청에서는 사관학교 동기가 9명이 있었다. 그중 6명만이 중령으로 진급했고 나를 포함한 3명은 소령으로 전역을 해야 했다. 나는 2019년 1월까지 근무할 수 있었지만 한 살이라도 더 젊을 때 사회생활을 하는 것이 나을 것이라는 판단에서 2015년 전역을 결정했다. 그리고 10개월간의 전직지원교육 기간 동안 고민을 거듭한 끝에 진로를 결정할 수 있었다. 그나마 다행인 것은 2015년에 명예전역을 신청하여 2016년 2월에 중령 진급과 동시에 전역을 했다.

나를 제외한 2명의 동기는 소령으로 근무하던 중에 2016년에 있었던 방위사업청 5급 사무관 공채시험에 합격하여 공무원으로 신분을 전환했다. 5급 사무관이 되는 것은 매우 어렵다. 춘향전에 나오는 이몽룡이 과거 급제한 것과 다르지 않다.

하지만 나의 동기들은 그 어려운 관문을 통과했다. 사관학교 출신이라서가 아니다. 비사관학교 출신 장교들도 공무원 시험에 많이 합격했는데 그들에게는 공통점이 있다. 방위사업에 특화된 경력을 보유한 사람들이었다.

　자기만의 전문분야가 있다면 남들보다 취업에 유리하다. 방위사
업청의 군 동기들도 방위산업 분야에 대한 전문성이 있었기 때문
에 공무원이 될 수 있었다.

　군에서 전문성을 인정받는 대표적인 이들이 있다. 바로 공군의
조종사들이다. 그들은 민간 항공사에서 모셔갈 정도이기 때문에
공군에서는 조종사 유출 문제로 매년 고민이 많다. 숙련된 조종
사 1명을 양성하는데 드는 비용은 100억 원을 훌쩍 넘는다(뉴시스
2011.11.19.). 값비싼 수업료는 공군에서 지불하고 민간 항공사는 숙
련된 인력들을 값싼 비용으로 데려가고 있어 일각에서는 민간 항
공사들이 조종사 양성비용을 분담해야 한다는 목소리까지 나오고
있다. 공군 조종사는 비약적인 사례이긴 하지만 군인에게나 일반인
에게나 자신만의 전문분야가 있다면 취업은 문제 될 것이 없다.
　이러한 이유로 군인 중에서도 행정병과 보다는 기술병과가 취업
에 유리한 것이 사실이다. 해군의 경우 함정을 만드는 데 관여하는
조함병과가 있다. 주로 조선공학과, 기계공학과, 전기공학과 출신들
이 많다. 조함병과 장교들은 전역하더라도 함정을 만드는 대우조선
해양, 현대중공업, 한진중공업 등에 취업이 잘되는 편이다. 공군의
정비병과, 육군의 무기 관련 병과도 마찬가지다.

100세 시대에는 제2, 제3의 직업을 갖게 된다. 특히 정년이 짧은 군인들에게 제2의 직업은 필수인 시대가 되었다. 제2의 직업을 준비하기 위해 평소부터 군에서 노력하지 않으면 안 된다. 어떤 준비를 해야 할까? 군인들이 놓치기 쉬운 부분들을 정리해 보았다.

첫째, 전역시점을 최소 3~4년 전에 정해야 한다. 대부분의 군인들은 진급이 더 이상 힘들 때 전역하는 경우가 많다. 마지막까지 진급에 매달리다가 준비가 부족한 상태에서 사회로 나오게 된다. 군 업무도 하면서 취업을 준비하는 것은 쉽지 않다.

창업을 준비하는 사람들은 창업준비 기간 만큼 최소한 생존한다고 한다. 창업을 준비하듯 3~4년 정도 취업을 준비해야 취업확률도 높아진다. 전역시점과 그에 따른 준비 계획을 세워서 실천해야 취업에 실패하지 않는다.

둘째, 인간관계다. 회사도 마찬가지겠지만 군대는 인간관계로 진급한다고 해도 과언이 아니다. 군에 있을 때나 군을 떠나서나 인간관계는 중요하다. 제대 군인들은 일자리를 지인을 통해 소개받는 경우가 의외로 많다. 따라서 전역을 준비한다고 해서 인간관계를 절대로 소홀히 해서는 안 된다. 오히려 주위 사람들에게 전역함을 알리고 일자리가 있으면 추천해 달라고 도움을 요청하는 것이 유리하다. 사회와 마찬가지로 전역하는 날까지 좋은 인상을 주고 떠나야 한다.

셋째, 자신의 업무에 전문가가 되어야 한다. 부사관이나 장교들은 고유 병과가 있다. 1만 시간의 법칙처럼 7년 이상 군 생활을 했다면 해당 병과업무에 전문가가 되어야 한다. 이것이 자신만의 무기가 된다. 때로는 교육 기회를 활용하여 관련 자격증을 따거나 석사학위 정도는 취득해야 한다. 이때의 학위는 단순한 스펙이 아니다. 관련분야 실무경력이 있는 상태에서 취득한 학위는 전문가로 인정받는 지름길이다. 군에서 받을 수 있는 혜택은 전역하는 시점까지 잘 활용해야 한다.

마지막으로 취업할 생각이 있다면 실제로 기업에 원서를 넣어봐야 한다. 이력서도 미리 써보고 경력기술서도 써봐야 자신의 현재 상태를 파악할 수 있고 무엇이 부족한지 알 수 있다. 서류 전형은 어떻게 하는지, 필기시험에는 어떤 유형의 문제가 나오고 면접은 어떻게 진행되는지 미리 경험해야 실전에서 부담이 덜하다. 요즘 원서접수 기간은 10일 전후에 불과하다. 미리 준비해 놓지 않으면 다시 1년 이상을 기다려야 하는 경우가 많다. 평소에 이력서와 관련서류가 준비되어 있어야 하는 이유다.

취업은 취업이 필요한 시기에 준비하면 이미 늦다. 취업은 평소 어떻게 군 생활을 하느냐에 달려있다. 준비된 사람에게 취업은 아무런 문제가 되지 않는다.

군인의 세계는
생각보다 넓다

군인이라는 단어를 들으면 머릿속에 그려지는 이미지가 있다. 해군 출신인 나조차도 휴전선 철조망을 앞에 두고 경계 근무를 서고 있는 병사의 모습이 떠오른다. 명절이나 새해가 되면 최전방에서 근무하는 군인들의 모습을 앞다투어 보도한다. 파도를 가르며 독도 주변을 경비하는 군함, 새해 첫 일출을 배경 삼아 편대 비행에 나선 전투기들.

군함과 전투기의 이면에는 보이지 않는 곳에서 묵묵히 일하는 수많은 군인들이 있다. 군함의 가장 아래쪽에는 기관실이 위치한다. 정상적인 의사소통이 힘들 정도의 소음과 뜨거운 사막 같은 악조건 속에서 기관 장교·부사관들은 24시간 동안 번갈아 가며 근무한다. 전투기를 신속하게 이륙시키기 위해서는 정비사와 무장사, 관제사의 분초를 다투는 노력이 필요하다. 눈에 보이는 것은 군함 한 척, 전투기 한 대일지 몰라도 그 뒤에는 그들을 지원하는 수많은 군인들이 있다. 생각보다 많은 군인들이 각 분야에 근무한다.

군대는 작은 사회와 같다. 사회에 있는 웬만한 직업이 군에도 있다. 경찰(헌병)이 있고, 의사(군의관)가 있고, 은행(재정)이 있다. 법원(법무), 건축회사(공병, 시설), 통신회사(통신), 교통회사(수송), 항공사(조종, 항공), 방송국(정훈), 마트(병참, 보급), 식당(조리), 종교시설(군종)도 있으며 심지어 연구소와 교수도 있다.

군인들 개개인은 자신만의 전공분야가 있다. 이를 '병과'라고 한다. 장교와 부사관의 병과는 거의 유사하지만 약간의 차이가 있다. 육군의 경우 총 23개의 병과(부사관은 19개의 병과)가 있다. 군인들은 개인마다 하나의 병과를 선택하여 특별한 사유가 없는 한 전역할 때까지 해당 분야에만 근무한다.

[육군의 병과]

구분	병과
전투병과	보병, 포병, 기갑, 방공, 정보, 공병, 정보통신, 항공
기술병과	화학, 병기, 병참, 수송
행정병과	인사행정, 헌병, 재정, 정훈
특수병과	의무(군의, 치의, 수의, 의정, 간호), 법무, 군종

* 출처 : 육군모집 홈페이지(www.goarmy.mil.kr), 모집소개, 병과소개

병과를 크게 둘로 나누면 직접 전투를 수행하는 전투병과와 이

들을 지원하는 병과로 나눌 수 있다. 보병, 포병, 기갑, 항공병과 등이 전투병과에 해당하고, 병참, 수송, 재정 등의 병과가 지원병과로 분류된다. 전투병과와 지원병과들이 유기적으로 합심하여 움직일 때만 군의 전투력이 발현되는 것이다.

해군의 경우 장교는 총 11가지의 병과가 있다. 함정병과는 항해병과, 기관병과, 정보병과를 통합한 것이다. 부사관의 경우 총 33의 직별이 있다(해군 부사관은 병과 대신 직별이라는 용어를 사용한다).

[해군의 병과]

구분		병과
장교		함정, 항공, 정보통신, 병기, 보급, 시설, 조함, 재정, 정훈, 헌병, 의정,
부사관	기술/ 행정계열	갑판, 조타, 전탐, 재무, 행정, 정보, 정훈, 통정, 법무, 헌병, 무장, 사통, 추진기관, 정보통신, 전자, 음탐, 전자전, 전기, 시설, 보수
	항공계열	항공조작, 항공통제, 항공전자, 항공무장, 항공장비, 항공기관, 항공기체
	기타계열	의무, 조리, 운전, 군악, UDT, SSU

출처 : 해군홈페이지(www.navy.mil.kr), 해군모집, 병과소개

공군도 크게는 병과로 구분하지만 세부적으로 특기별로 관리 한다. 장교의 경우 18개의 특기가 있고 부사관은 53개의 특기가 있다.

구분	내용
장교 (18개 특기)	조종, 운항관제, 방공통제, 방공포병, 기상, 정보통신, 항공무기정비, 보급수송, 항공시설·화학, 재정, 인사교육, 정훈, 정보, 헌병, 법무, 군종, 의무, 어학
부사관 (53개 특기)	항공통제, 단·중거리유도무기운용, 항공구조, 항공안전, 정밀측정 장비정비, 일반보급, 항공시설, 회계, 총무, 군악, 항공정보 운영, 정훈, 법무서기, 항공의무 등

* 출처 : 공군모집홈페이지(www.airforce.mil.kr), 장교, 학사사관후보생, 특기/배속

군대의 업무가 워낙 다양하기도 하지만 특수하기도 하다. 따라서 군에만 있는 이색 직업도 있다. 공군에는 공중 촬영 임무를 전문적으로 하는 항공 촬영사가 있다. 항공 촬영사는 공중에서 이뤄지는 작전, 훈련 등을 여러 가지 촬영기법을 통해 기록하는 특화된 카메라맨이다. 공군의 활약상을 알리는 중요한 임무를 수행하는 이들은 정훈 특기로 분류된다. 이들이 촬영한 영상은 대부분 매체에 보도되고 공군의 역사로 기록된다.

남극 대륙에도 대한민국 군인이 있다. 해군은 2009년 남극 세종과학기지의 제23차 월동대원으로 UDT 대원 1명을 파견한 이래 매년 고무보트 운용 및 잠수능력을 갖춘 UDT(또는 SSU) 대원 1명을 선발해 남극 세종과학기지 월동대원으로 파견하고 있다. 고무보트와 바지선을 운용하면서 보급품을 수송하고 매일 수차례씩 기지 주변을 순찰하면서 연구원들의 활동을 지원하고 그들의 안전을 책

임지고 있다.

군대나 사회나 크게 다르지 않다. 각자의 전공과 전문분야에 따라 다양한 업무와 여러 가지 일을 수행한다. 장교와 부사관은 자신의 병과와 특기에 따라 전역할 때까지 한 분야에 근무하면서 전문성을 키운다. 전방에서 총 들고 경계근무 서는 군인만 있는 것이 아니다. 군인의 세계는 여러분의 생각보다 넓고 깊다!

PART 04

나도 군인공무원이 되고 싶다!

중학생이
군인공무원 되는 길

STEP 01

군인공무원이 좋다는 것을 알았다면 지금부터 군인공무원이 되는 방법을 알아보자.

상급 학교로의 진학은 직업선택과 직결된다. 중학교에서 어떤 고등학교로 진학하느냐는 대단히 중요하다.

'친구 따라 강남 간다.'는 속담이 있다. 그저 남이 고등학교 진학하니까 나도 따라서 상급학교로 간다는 식의 피동적이며 무계획적으로 산다면 진정한 자신의 삶을 살아가는데 제한될 수 있다.

중학교 학생 또는 이와 동등한 자격을 가지고 있는 청소년이 스스로 군인공무원의 길을 선택하였거나, 학부모 또는 선생님이 진학지도를 통하여 군인공무원의 길을 안내하고자 할 때 무엇을 어떻게 해야 할지를 정리해 보았다.

153

고등학교 졸업 후 곧바로 군인공무원이 되는 길이 있다. '특성화 고등학교(특성화고)'에 진학하는 것이다. 군 특성화고는 군 관련 학과를 운영하여, 군 장비 운용 및 정비 기술 등을 습득해 졸업 후 부사관으로 군 복무까지 할 수 있도록 하는 제도이다.

군 특성화고의 가장 큰 매력은 군대·대학·취업의 세 마리 토끼를 한 번에 잡을 수 있다는 것이다. 군 특성화고 재학 중 수업료가 면제되고 장학금도 받는다. 군에 입대해서는 전문병 21개월, 전문하사로 15개월, 총 36개월의 군 생활을 하게 된다. 의무복무 후에도 장·단기 부사관으로 진출하는 데 유리한 조건을 갖게 된다. 전역 후에는 방위산업체 등 관련 기관으로 취업하는 데 유리하다.

또한 복무 기간 중 대학 입학도 가능하다. 이때는 대학을 졸업할 때까지 단기하사 기간이 연장되고, 국가에서 학비 전액을 지원한다.

군 특성화고는 현재 11개 학교가 지정되어 있다. 서울에 있는 송파공업고등학교, 경북항공고, 금파공업고등학교, 춘천기계공고 등이 있다. 통상 군 특성화고 학생들은 제복을 입고 기숙사 생활을 한다. 1~2학년 때는 일반 특성화고 학생들과 같은 교육과정을 받는다. 3학년 때 본격적으로 군에서 필요로 하는 기술을 습득하게 된다.

[군 특성화 고등학교]

특성화고	지역	특성화고	지역
강호항공고	전북 정읍	성동공업고	서울
경북항공고	경북 영주	송파공업고	서울
금파공업고	광주광역시	수원공업고	경기 수원
대전동아공업고	대전광역시	문산공업고	충남 서산
도화기계공업고	인천광역시	춘천기계고	강원 춘천
부산전자공업고	부산광역시		

　학생들에게는 철저한 자기관리뿐만 아니라, 첨단 군 장비에 대한 정비 기술을 체계적으로 익힐 수 있는 기회가 된다. 뿐만 아니라 향후 군인공무원이나 방위산업체 등에 취업할 수 있다는 점에서 안정감을 갖고 생활할 수 있다.

학군협약대학 입학을 통해 군인공무원 되는 길

고등학교 졸업 후 학군협약대학의 군사학과와 부사관학과, 기술부사관 특수학과에 입학하는 것만으로도 군인공무원이 될 수 있다.

대학교에서 공부도 하면서 장교 및 부사관의 꿈도 동시에 키우고 싶을 때 선택할 수 있는 방법이다.

우선 장교가 되는 방법은 군사학과를 지원하는 것이다. 군사학과는 2003년 대전대학교가 육군본부와 학군협약을 통해 최초 설립되었다. 현재는 12개 대학교에서 군사학과를 운영 중에 있다.

학군협약 대학교(군사학과)	
대전대	용인대
건양대	청주대
경남대	충남대
원광대	상명대
조선대	서경대
영남대	동양대

군사학과에 진학하게 되면 대학교를 다니는 4년 동안 등록금 전액을 지원받을 수 있으며, 자신이 원하는 분야를 대학교 내에서 동시에 배울 수 있다. 장교를 꿈꾸는 여학생들도 군사학과를 진학할 수 있다.

　장교 임관은 본인의 선택에 따라서 학군장교(ROTC) 선발 과정을 통하는 방법과 학사장교로서 육군소위로 임관하는 길이 있다. 단, 여학생의 경우에는 학군장교 또는 학사장교 선발과정에 합격하여야 장교로 임관할 수 있다.

　두 번째는 부사관이 되는 방법으로 부사관학과를 지원하는 것이다. 부사관학과를 졸업한다고 자동적으로 부사관으로 임관하는 것은 아니지만, 전문적으로 부사관 교육을 받은 부사관학과 학생들에게 매우 유리한 것은 당연하다. 불합격되는 경우는 거의 없다. 대학교 재학 기간 중에 군장학생 선발 시험에 합격하면 장학금을 받을 수도 있다. 학군협약 대학교가 증가하면서 군 장학생 혜택을 받을 수 있는 기회가 점점 확대되고 있는 실정이다. 부사관학과가 설치된 대학교는 48개 학교이다.

부사관학과 설치 대학교		
경북전문대	동원대	신성대
경민대	구미대	김해대
경북도립	영남이공대	대전보건대
대덕대	한국관광대	상지영서대
선린대	동강대	경북과학대
충청대	전주기전대	원광보건대
우송정보대	연성대	계명문화대
충북보건	영진전문대	국제대
장안대	경남정보대	두원공과대
대전과기대	대구과학대	조선이공대
가톨릭상지대	마산대	경기과기대
동부산대	대원대	창원문성대
서영대	전주비전대	수성대
강릉영동	혜천대	청암대
대경대	포항대	안동과학대
대구공업대	여주대	전남과학대

　　부사관학과 졸업 후 장교로 임관하고 싶다면, 육군 장교를 양성하는 3사관학교로 편입하여 2년간 장교양성 교육과정을 이수한 후 장교로 임관하는 길도 있다.

　　부사관 임관 후 군 복무 중이라도 자신의 적성과 희망에 따라 준사관 및 장교를 지원할 수도 있다. 전역 후에는 군무원이나 방위산업체에 지원하면 다른 경쟁자들보다 취업하는 데 유리하다.

　　부사관학과 지원 방법 외에 또 다른 방법도 있다. 학군제휴 특수부사관학과를 지원하는 것이다. 즉 기술부사관의 길이다. 기술부사관을 지원할 경우 특별한 결격사항만 없다면 전원 임관이 보장된다. 뿐만 아니라 졸업시까지 장학금을 받으면서 학교를 다닐 수 있는 장점도 있다. 장학금을 받을 경우에는 장학금 수혜 기간만큼 의무복무 기간도 늘어난다.

특수부사관학과 설치 대학			
대학교	학과명	대학교	학과명
경기과학기술대	자동차과	상지영서대학교	국방정보통신과
구미대학교	특수건설기계과 헬기정비과	전남과학대학교	헬기정비과 특수장비과 특수통신과
대덕대학교	총포광학과, 국방탄약과, 방공유도무기과,국방물자과	창원문성대학교	특수장비과 국방물자과

학군제휴 특수학과 졸업 후 장교 및 부사관이 되는 방법은 부사관학과와 동일하다. 여기에 더하여 기술부사관으로 전역 후에는 방위산업체 우선 채용 대상자 자격도 획득할 뿐만 아니라 부사관으로 단기복무 전역 후 군무원 지원 시 가산점 혜택도 있다.

취업 절벽의 공포로부터 해방되고, 또한 부모의 경제적 부담을 덜어 드릴 수 있는 학군협약대학 진학을 적극 추천한다.

고등학교 졸업 후
부사관이 되는 길

STEP 03

고등학교 졸업 후 대학 진학을 하지 않고 곧바로 군인공무원이 되는 길도 있다.

첫 번째 육군 부사관을 지원하는 방법이다.

육군 민간부사관과 여군부사관, 헌병·법무·군종·군악·특전부사관 등을 지원하면 된다.

고교 졸업 이상의 학력 소지자를 대상으로 민간부사관과 여군부사관을 선발한다. 나이는 임관일 기준 만18세~27세이며, 선발된 인원은 총 15주 훈련을 받고 부사관으로 임관한다. 훈련은 육군훈련소에서 5주, 육군부사관학교에서 10주이다. 임관 후 남군 4년, 여군도 4년간의 의무복무 기간이 있다. 장기복무를 희망 시에는 선발절차에 의하여 장기복무할 수 있다.

[육군 민간부사관 선발]

구분	보병	정보	공병	통신	병참	수송	부관	경리	화생방	병기	항공	정훈	의무
전반기	○	○	○	○	○	–	–	–	○	○	○	–	○
후반기	○	–	–	○	○	○	○	○	–	○	–	○	○

　헌병·법무·군종·군악·특전부사관을 지원 시 유의할 사항은 신체등급이다. 특전부사관은 신체등급 1등급, 헌병은 2등급 이상 되어야 한다. 그 외에는 일반부사관과 동일하다.

　두 번째는 해군 및 해병대 부사관을 지원하는 방법이다.

　해군은 의무, 수송, 화학, 조리, 전투체계, 추진기관, 통신 및 전자, 전사, 건축 및 토목, 특전(UDT, SEAL), 잠수, 군악, 항공통제, 항공조작, 항공기관, 항공기체, 항공전자, 항공무장, 항공장비 등을 지원할 수 있다.

　선발된 인원들은 8주간의 기초군사교육훈련을 마치고 하사로 임관한다. 임관 후 각 병과학교에서 10~25주간의 전문교육을 받고 실무부대로 배치된다.

　셋째는 공군부사관을 지원하는 방법이다.

　공군부사관은 항공통제, 방공포병, 기상, 정보통신, 항공무기정비, 보급수송, 시설, 재정, 총무, 군악, 정보, 헌병, 항공의무 분야 등이 있다.

　고등학교 졸업과 동시에 부사관의 꿈과 희망을 가지고 있다면, 충분한 검토 후 군인공무원의 길을 추천한다.

대학 재학생이
군인공무원 되는 길

대학교 재학생이 군인공무원 되는 길은 ROTC, 학사장교, 육군3
사관학교 등을 지원하여 장교가 되고 방법과 RNTC, 전문대 장학
생을 지원하여 부사관이 되는 방법 등이 있다.

첫 번째 장교로 임관하는 길이다.

ROTC 장교로 임관하기 위해서는 학군단이 설치된 대학교에 입
학하여여 한다. 4년제 대학 가운데 117개 대학에 학군단이 있다.
육군 111개 학군단, 해군 4개 학군단, 공군 2개 학군단이 운영되고
있다.

ROTC 후보생은 각 학군단(학생군사훈련단)에서 1학년, 2학년 때
선발한다. ROTC 후보생으로 선발된 인원은 3, 4학년 때 각 대학별
로 설치된 학군단 및 충북 괴산에 위치한 학군교(학생군사학교)에서
군사훈련을 받고 결석사유가 없는 한 졸업과 동시에 소위로 임관한

다. 의무복무 기간은 2년 4개월이지만, 군 생활 기간 중 장기복무자로 선발되면 안정적인 군인공무원의 직업을 얻게 된다.

학사장교 선발과정은 2가지 형태로 이뤄진다. 우선 대학교 1학년, 2학년, 3학년 재학생을 대상으로 '학사예비장교'를 선발하여 관리한다. 또 다른 방법은 4년제 대학 졸업자 또는 법령에 따라 학사학위과정의 4년 수업연한을 이수하고 학사학위를 수여받은 인원을 대상으로 '학사장교'를 선발한다. 학사장교 후보생은 16주간의 양성교육훈련을 마친 후 소위로 임관한다. 임관 후 의무복무 기간은 3년이다. 학사장교도 ROTC 장교(학군장교)와 동일하게 군 생활 기간 중 장기복무를 지원하여 선발되면 군인공무원이 되는 것이다. 여군 학사장교는 4학년 때 선발한다.

육군3사관학교는 4년제 대학의 2학년 이상 수료 및 예정자, 2·3년제 대학 졸업자 및 예정자를 대상으로 정시생도 선발 과정이 있다. 그리고 2·4년제 대학교 1학년 재학생을 대상으로 예비생도도 모집한다. 예비생도는 선발된 다음 해에 3사관학교에 입교한다. 교육기간은 2년으로 3~4학년 과정을 교육받은 후 소위로 임관한다. 의무복무 기간은 임관 후 6년이다.

두 번째로 부사관으로 임관하는 길이다.
부사관학군단(RNTC)이 설치된 전문대 재학생이 지원할 수 있다.

부사관학군단이 설치된 대학은 대전과학기술대(대전), 전남과학대(곡성군), 경북전문대(영주), 경기과학기술대(시흥), 영신전문대(대구), 여주대(여주) 등 6개 대학이다.

부사관학군단은 앞으로 군 부사관 소요 증대뿐만 아니라 전문 부사관 확보를 위하여 지속적으로 창설될 전망이다. ROTC 장교양성과정과 비슷하다. 부사관학군단과 부사관학교에서 군사훈련을 받고 부사관으로 임관한다. 의무복무 기간은 임관 후 4년이다.

전문대 장학생 제도가 있다. 이는 전문대 2학년(3년제 대학은 3학년 재학생)을 대상으로 선발한다. 전문대장학생으로 선발된 인원은 졸업 후 15주간의 군사훈련을 받은 후 하사로 임관한다. 복무 기간은 의무복무 기간 4년과 장학금 수혜 기간 1년을 합하여 5년이다.

대학교 졸업생이 군인공무원 되는 길

　　대학교 졸업생이 군인공무원 되는 방법은 학사장교, 육군3사관
학교, 간부사관 등을 지원하는 방법이 있다.

　　대학교 재학 때 학사장교를 지원하는 방법도 있지만, 대학교 졸
업 후 지원도 가능하다. 학사장교 임관일 기준으로 만20세 이상 27
세 이하이면 된다. 박사학위과정 수료자는 만 29세 이하까지 지원
할 수 있다.

　　또한 제대군인은 복무 기간에 비례하여 응시연령이 연장된다.

[제대군인의 응시연령 상한 연장]

군 복무 기간	1년 미만	1년 이상~2년 미만	2년 이상
연령연장	1세	2세	3세

　　예를 들어 현역군인으로 군 복무를 21개월 하였다면, 임관일 기

준 29세까지 지원할 수 있다. 지원자격은 4년제 대학 졸업자 또는 방송대학·통신대학·방송통신대학 및 사이버대학 학사학위 과정의 4년 수업과정을 이수하고 학사학위를 가지고 있으면 된다. 전문대학 졸업자는 전공심화과정에 입학하여 학칙으로 정하는 과정을 이수하여 학사학위를 소지하고 있으면 지원할 수 있다. 또한 독학사로서 학위취득 종합시험에 합격하여 학위를 수여 받은 자도 해당된다.

육군3사관학교를 지원하는 방법도 있다. 지원자격은 미혼으로 만19세~25세 미만이며, 4년제 대학교 2학년 이상 수료자 또는 2년제 대학교 졸업자 등을 대상으로 선발한다.

부사관이 되는 방법도 있다. 민간부사관을 지원하면 된다. 임관일 기준으로 만 27세 이하면 지원이 가능하다. 군 복무를 마친 자는 위에서 언급한 제대군인의 응시연령 상한 연장을 적용받으므로 군 복무기간을 고려하여 만 30세까지도 지원 가능하다.

군 복무 중인 현역군인이 군인공무원 되는 길

군 복무 중 직업 선택과 취업에 대해 고민하는 장병들을 자주 접하게 된다. 군 생활이 자신의 적성과 직업으로서 가치가 있다고 판단되면, 현역 복무 중에도 군인공무원이 되는 길이 있다는 것을 알려주고 싶다.

군 복무 중인 현역군인이 군인공무원 되는 길은 다음과 같다. 장교가 되는 길은 육군 단기 간부사관 지원과 육군3사관학교를 지원하는 방법이다. 부사관은 육군 현역부사관을 지원하면 된다.

단기 간부사관 지원자격은 임관일 기준 만 20세 이상 27세 이하인 자이며, 학력은 전문대학 졸업자와 동등 이상의 학력이 인정되면 된다. 신분은 현역으로 상병·병장~부사관이다. 육군 예비역인 경우는 전역 후 2년 이내인 사람이면 지원할 수 있다. 의무복무 기간은 3년이다.

장교로 임관하기 위한 양성교육은 가입교 1주간을 포함하여 14주간 군사훈련을 충북 괴산에 위치하고 있는 육군학생군사학교(학군교)에서 받고 소위로 임관한다.

　　군 복무 중에 육군3사관학교를 지원할 수 있는 방법도 있다. 대상은 현역병과 부사관이 지원 가능하다. 육군 현역병과 부사관은 해당 부대 '대대장급 지휘관'의 추천을 받아야 한다. 해군과 공군에서 군 복무 중인 자는 '참모총장'의 추천을 받으면 된다.

　　육군으로 군 복무 중에 현역부사관을 지원하여 부사관이 되는 방법도 있다. 임관일 기준 만 18세 이상~만 27세 이하이며, 고교 졸업 이상의 학력 소지자 또는 동등 이상의 학력이면 된다. 현역병 가운데 일병~병장까지 지원이 가능하다. 의무복무 기간은 임관일로부터 4년이다.

　　육군 부사관학교에서 양성교육 16주 과정을 이수하면 부사관으로 임관한다.

여성이라고 차별 없다

STEP 07

　여군 장교 및 부사관은 선망의 직업으로 날로 인기를 더해가고 있다. 국방백서에 따르면 2016년 말 기준 여군은 1만100여 명이다. 1만 명 시대가 도래한 것이다. 전체 장교 중 여군이 차지하는 비율은 7%, 부사관 중 여군의 비율은 4.6%이다. 앞으로 여군의 비율은 계속하여 상승할 것이다.

　여군 장교가 되는 길은 사관학교(육·해·공군 사관학교, 간호사관학교, 육군3사관학교)를 입학하거나, ROTC 또는 학사장교를 지원하면 된다.

ROTC 후보생이 되는 길은 2가지 방법이 있다. 첫 번째는 여자 ROTC가 설치된 숙명여대, 성신여대, 이화여대 등 3개 대학에 입학하여, 학교 내 학군단 선발과정을 통하여 합격하면 된다.
　두 번째는 학군단이 설치된 대학을 고려하여 편성한 10개 권역별

169

통합선발 과정에 합격하면 된다. 대학별로 선발하는 남성 ROTC 선발 방법과는 구별된다. 합격 이후에는 본인이 재학하고 있는 대학교 학군단으로 편성되어 남성 ROTC 후보생들과 함께 동일한 교육 과정을 이수 받게 된다.

여군 학사장교는 4년제 대학 졸업 학력 이상이면 지원할 수 있다. 연령은 임관일 기준 20세 이상부터 27세 미만이다. 여군 학사장교로 선발되면, 학군교에서 16주 동안 군사교육을 받은 후 소위로 임관한다.

또한 부사관이 되는 방법은 여군부사관 지원과 부사관 학군단(RNTC, Reserved Noncommissioned Officer Training Corps)을 통하는 길이 있다. 여군부사관을 지원할 수 있는 자격은 고등학교 3학년 재학생 및 졸업한 사람, 이와 동등한 수준 이상의 학력이 있으면 된다.
연령은 임관일 기준 만18세 이상부터 만 27세 이하면 된다. 여군부사관에 합격하면 육군훈련소에서 5주간 기초군사훈련을 받고, 육군부사관학교에서 16주 교육을 수료하면 하사로 임관한다. 의무복무 기간은 4년이다.

부사관학군단(RNTC)을 지원하기 위해서는 학군단이 설치된 대학에 입학하여야 한다. 현재 전국에 6개 RNTC 학군단이 설치되어 있다. 육군 과정은 대전과학기술대, 전남과학대, 경북전문대 등이

며, 해군은 경기과학기술대, 공군은 영진전문대, 해병대는 여주대
가 있다.

 앞으로 RNTC 설치 대학이 늘어날 전망이다. RNTC 후보생이
되면 1학년 후반부터 2학년 졸업까지 학군단 및 육군 부사관학교
에서 군사훈련을 받고, 졸업과 동시에 하사로 임관한다.

PART 05

군인공무원으로 성공하기 위한 노하우

군사교육軍事敎育에
충실하라

부대에 전입온 지 얼마 안 된 간부가 소대원을 대상으로 군사훈련을 하고 있었다. 훈련과제는 '각개전투(各個戰鬪)'였다. 각개전투는 각 개인이 전투원으로서 싸우고 생존하고 자신과 부대를 방호하는 전투기술이다. 훈련은 숨 쉴 틈도 없을 정도로 강하게 진행되고 있었다.

부소대장이 "약진! 앞으로~"구령을 하면, 소대원들은 엎드려 있다가 일제히 일어나서 3~4초간 전방을 향하여 힘차게 뛰어가서 신속히 엎드렸다. 이런 훈련이 반복되고 있을 때였다.

소대원 중 선임 병장 한 명이 부소대장에게 큰 소리로 질문을 하였다.

"부대소장님! '약진 앞으로' 할 때 왜 3~4초간 뛰어야 하나요?"

부소대장은 급소를 맞은 듯 머뭇거리면 제대로 답변을 하지 못하고 있었다.

PART 05 ··· 군인공무원으로 성공하기 위한 노하우

순간 소대의 분위기는 찬물을 끼얹은 듯했다.

약진(躍進)이란 글자 그대로 힘차게 앞으로 뛰어나가는 것을 말한다. 군사훈련에서의 약진은 지형지물(地形地物)을 이용하여 적진을 향하여 돌진하는 것이다. 즉, 현재 나의 위치에서 내가 가고자 하는 지점까지 3~4초 이내에 가장 힘차게 뛰어가는 이동 기술이다. 신속하게 뛸 때도 그냥 달리기하듯이 하는 것이 아니다. 지그재그로 달린다. 적의 조준사격으로부터 보호받기 위해서이다. 통상 소총으로 조준사격 하는 데 소요되는 시간이 4~5초 정도 된다. 그래서 3~4초간 지그재그로 신속하게 뛰어간다면, 적이 조준사격 하기는 더욱 힘들어진다.

이후 부소대장은 소대원을 지휘통솔 하는 데 어려움을 겪게 되었다. 소대원들은 이구동성으로 다음과 같은 말을 하였다.
"저런 부소대장과 함께 전투에 참가한다면, 우리는 죽은 거나 다름없어."

평상시 교육훈련은 전시에 생명을 지켜주는 중요한 군사훈련이다. 그런데 지휘자가 교육훈련에 정통하지 못하다면 어떻게 부대를 지휘할 수 있겠는가?

간부로 임관하게 되면 체계적으로 군사훈련을 받게 된다. 초급간부 시절에는 기초군사훈련에서부터 각 병과별로 전문적인 훈련 등이 이뤄진다. 중견 이상 간부가 되면 고등군사훈련 및 중견간부에 부합된 각종 교육훈련을 받는다. 고급간부로 승진하게 되면 육군·해군·공군 및 외국군과 함께하는 합동군사훈련도 습득하게 된다.

군인이 전투에서 승리할 수 있는 전투기술을 갖추지 못하고 있다면 무슨 가치가 있겠는가. 기초가 튼튼해야 한다. 그 기초는 군사교육으로부터 온다고 해도 과언이 아니다. 초급간부 자질 중에 무엇보다도 중요한 것이 있다. 그것은 바로 군사교육이다. 전시에는 소중한 부대원들의 생명을 시키는 것은 물론이고 전투에서 승리의 핵심 요소이다. 평상시에는 자신의 능력을 평가하는 기준이 되기도 한다.

군인의 길을 시작하는 간부로서 유능한 간부가 될 것인지, 아니면 무능한 간부가 될 것인지는 군사교육훈련에 달렸다고 해도 과언이 아니다. 군에서 성공하고자 한다면 결코 소홀하게 다루어서는 안 된다.

진급은
준비된 자에게 찾아온다

    군인이라면 계급을 막론하고 진급되기를 바란다. 항상 계급장을 붙이고 다니는 군인들에게 있어서 진급은 모든 것을 의미한다고 해도 과언이 아니다.

    진급으로 올라간 계급만큼 더 많은 부하들과 함께하게 된다. 부하들의 생사가 지휘자의 능력에 따라 결정된다. 능력 있는 간부를 선발해야 군의 발전도 기대할 수 있고 전쟁에서 승리할 수 있는 것은 당연한 일이다.

    그렇다면 군에서 진급하기 위해서는 무엇을 어떻게 해야 할까?

    진급은 준비된 자에게 찾아온다.

    진급 심사는 여러 가지 요소를 종합평가한다. 군사적 전문지식, 교육성적, 전술훈련 및 전투력 측정, 개인 표창, 지휘관 평정, 군발전에 대한 기여 가능성과 잠재역량 등 다양하게 평가한다. 결격 사유가 일부 있다고 해서 진급이 아예 안 되는 것이 아니라, 상대적으로 좀 더 나은 대상자를 선발하고자 하는 것이다.

시간이 지남에 따라 진급 선발기준도 변했지만, 군에서 요구하는 진급조건은 다음과 같다.

첫째, 실력을 갖춘 간부이다. 간부로 임관되는 순간부터 해당 분야의 전문가가 되어야 한다. 실력은 없으면서 요행만을 바란다면 결코 군 생활을 하고 싶어도 할 수 없게 된다. 실력이 없으면 조직 생활에서 자연스럽게 도태된다.

6·25 참전용사분들과 이야기를 나눌 기회가 있어서 이분들에게 질문하였다.

"전쟁 중 리더에게 가장 중요한 덕목이 무엇인가요?"

이분들은 망설임도 없이 한목소리로 말을 하였다.

"지휘자, 즉 리더는 실력이 있어야 해요."

"왜냐하면 실력 있는 리더만이 부하들이 위기에 처했을 때 생명을 구해 줄 수 있기 때문이지요."

둘째, 도덕성과 부하에 대한 배려가 있어야 한다. 부하들은 청렴하고 도덕성이 높은 간부를 따른다. 자신의 마음과 언행 등을 절제하고 통제할 줄 아는 간부가 되어야 한다. 계급만 높다고 해서 부하들이 모두 따르고 존경하는 것은 아니다. 훌륭한 인격을 갖추어야 한다.

셋째, 자기계발을 꾸준히 하여야 한다. 자기계발을 위해서는 자신의 노력과 열정이 필요하다. 대학교 및 대학원에서의 학위취득, 자격증, 영어학습, 컴퓨터활용능력, 체력단련, 독서, 보고서 작성 등을 위한 글쓰기 등 다양하다. 자기계발을 꾸준히 하는 간부를 선발하는 것은 당연한 일이 아니겠는가.

넷째, 비전(Vision)과 창의력 있는 간부를 선발한다. 군 생활을 하는데 통상 세 가지 유형의 간부가 있다.

첫 번째로는 시키는 일도 제대로 못하는 간부이다. 이러한 간부는 당연히 실패자가 된다. 두 번째로는 시키는 일만 하는 간부이다. 시킨 일이라도 제대로 한다면 실패자가 되지는 않는다. 세 번째로는 비전을 가지고 창의적으로 일을 찾아서 하는 간부이다. 이러한 간부는 생동감이 다르다. 군대의 발전과 미래의 비전을 위하여 꼭 필요한 간부이다.

진급만을 위하여 모든 것을 걸고 군 생활을 하는 간부는 실패한다. 진급만을 위하여 일하는 간부는 주위 사람들로부터 경멸을 받기도 한다. 군에 입대하여 군인공무원의 길을 걸어가는 것은 멋진 군인이 되기 위함이다. 진급만을 위하여 생활하는 것은 아니다.

진급은 준비된 자에게 찾아온다! 진급은 군 생활을 더 보람 있고 가치 있게 만들어준다.

꾸준히 실천하라

STEP 03

다이아몬드가 빛나는 이유는 장인(匠人)의 숙련된 손길을 거쳤기 때문이다. 약간만 움직여도 반짝거리는 빛을 내뿜는 보석은 장인의 꾸준한 노력으로 만들어진 기술에 의해서 탄생된다. 자신을 보석과 같이 만들기 위해서는 사소하다고 생각할 수 있는 것을 꾸준하게 실천하는 것이 중요하다.

군(軍)에서는 '특급전사(特級戰士)' 제도가 있다. 특급전사가 되면 장기복무, 진급심사, 각종 지휘추천 시 우선 선발된다. 그러다 보니 모든 간부들이 관심을 가지고 도전한다. 최종적으로 선발되는 인원은 소수에 불과하므로 개인적인 자긍심이 대단하다.

특급전사가 되기 위해서는 체력·사격·정신전력 측정 등 여러 분야에서 모두 특급을 받아야 한다. 체력측정은 2분 이내에 팔굽혀펴기 72개 이상, 윗몸일으키기 86개 이상을 하여야 한다. 또한

181

3km 뜀걸음은 12분 30초 이내에 들어야 하고, 25kg 완전군장을 착용하고 10km 급속행군과 15kg 공격군장으로 5km 구보를 해야 한다. 사격은 전투사격으로 평가받고 정신전력은 심층 구술평가로 진행된다.

　특급전사에 도전하겠다고 마음먹고 시작하는 간부들은 많다. 그런데 6개월 이상 꾸준하게 실천하는 간부는 생각만큼 많지 않다. 목표를 세우고 그것을 이루기 위해서는 매진해야 한다. 자신을 철저히 통제하고 갈고 닦아야 한다. 시간이 지남에 따라 자기 자신에게 관대해지면서 매일 매일 실천해야 하는 체력단련 등을 소홀히 하게 된다. 결국은 스스로 포기한다. 반면에 꾸준하게 실천하는 간부는 특급전사 자격을 획득하고, 동료 및 경쟁자들로부터 유리한 위치를 점하게 된다.

　동부전선에 위치한 A군단에서는 특급전사로 선발된 인원에 대해서는 군단장이 직접 군단에서 시상식을 거행하고, 행사가 종료된 후에는 해당 부대까지 헬리콥터(helicopter)로 이동할 수 있도록 조치하여 모든 부대원들로부터 부러움을 사기도 했다.
　이들과 이야기를 나눠보면 한결같이 하는 말이 있다.
　"저는 하루도 거르지 않고 꾸준하게 실천을 했습니다."
　"첫 번째 도전에 실패했을 때 포기하려고 했는데, 1년 6개월 만에 특급전사가 됐습니다. 특급전사가 될 수 있었던 비결은 나 자신의 나태함을 극복하기 위해 매일 아침마다 부대원들과 함께 체력 단련을 했어요."

목표를 세우고 누구나 쉽게 도전한다. 하지만 꾸준하게 실천하기는 그리 쉽지 않다. 각종 유혹에 빠지기도 하고, 귀찮아서 포기하곤 한다. 때로는 '어떻게 잘되겠지'라는 막연한 기대감과 요행을 바라는 경우도 있다. 하지만 뿌린 대로 거둔다는 말이 있듯이 꾸준하게 목표를 향해 실천한 간부만이 특급전사 칭호를 얻는다.

군인공무원으로서 성공하기 위해서는 처음부터 어떤 요행을 바라는 마음을 버리고, 꾸준하게 실천하는 습관을 가져야 한다.

기록하는 군인이 성공한다

    한국인들이 가장 존경하는 인물이 있다. 『난중일기(亂中日記)』를 기록한 이순신 장군이다. 『난중일기』는 일본이 조선을 침략한 임진 왜란(壬辰倭亂)에 관한 역사적 기록이다. 임진왜란이 일어난 1592년 부터 시작하여 이순신 장군이 노량해전에서 전사하기 전까지 기록 한 7년간의 친필 일기이다.

    이순신 장군의 『난중일기』를 빼놓고 임진왜란을 이야기한다는 것은 있을 수 없다. 『난중일기』가 얼마나 중요한 역사적 기록물인 지 단적으로 알려주는 것이다. 이순신 장군이 쓴 『난중일기』는 우 리들에게 문화적인 콘텐츠의 원천을 제공해준다. 2004년 KBS 대하사극 〈불멸의 이순신〉을 비롯하여 2016년도에는 〈임진왜란 1592〉가 방영되었다. 2014년에는 명량대첩을 그린 영화 〈명량〉이 극장가에 상영되어 대한민국 영화 중 최대 관람객을 동원하기도 했다. 이 외에도 이순신을 다룬 드라마와 영화 등이 많이 제작되어 널리 보급되었다.

『난중일기』가 일기 형식으로 기록되었지만, 당시의 전장 상황뿐만 아니라 이순신 장군의 개인적인 내용과 서민들의 생활상까지 자세하게 기록되어 있다. 기록의 중요성을 일깨워 준다.

각 부대에는 지휘통제실이 있다. 이곳에는 부대를 지휘하고, 조정 및 통제하기 위한 시설과 장비, 인원들이 있어 군 작전수행에 있어서 중요한 곳이다.

자동차로 비유한다면 운전석과 같다. 운전석에서는 각종 게이지를 통하여 한눈에 차량의 상태를 알 수 있듯이 지휘통제실에서도 한눈에 부대의 모든 것을 알 수 있다. 차량의 엔진 회전을 가속시켜주는 가속페달과 변속기, 차량 속도를 감속하거나 정지시키는 브레이크 등은 지휘통제실의 핵심 기능과도 같다.

지휘통제실에서는 '상황일지'를 24시간 기록·유지한다. 모든 간부들이 상황일지의 중요성은 알고 있지만, 기록하는 것에 익숙하지 않은 간부에게는 '상황일지'를 실시간 기록·유지하는 것은 곤욕이 아닐 수 없다.

지휘통제실에서 빈번하게 발생하는 일이 있다. 주로 전화통화 내용이다.

"나는 그런 지시 받은 적 없다. 언제 나에게 상황전파 했나?"

"지난번 제가 직접 전화로 말씀드리지 않았습니까?"

"생사람 잡지 마라. 지휘통제실 근무 똑바로 해라!"

분명히 작전담당관이 해당 부대 또는 실무자에게 상황전파를 했는데도 오리발로 일관하는 부대와 간부들이 있다.

이럴 때 부대운영에 결정적인 문제가 발생할 소지가 충분히 있다. 때로는 이로 인하여 진급과 인사관리에 불이익을 받는 경우도 있다.

해당 담당관은 이렇게 난처한 일을 어떻게 해결할 것인지 심사숙고한 후 해답을 찾았다. 그것은 사소한 것으로 판단했던 '상황일지'에 기록하는 습관을 몸에 배게 한 것이다. 상황일지에는 육하원칙 하에 따라 핵심 내용 위주로 간략하게 기록하였다. 이렇게 기록으로 남긴 이후 지휘통제실 분위기가 완전히 바뀌었다.

어느 간부와의 통화 내용이다.

"나는 그런 전달 받은 사실이 없다. 바쁘니까 전화 끊자."

"잠시만 기다리십시오. 지휘통제 상황일지에 0월0일 00시 GOP정찰에 대하여 상황전파 하였다고 기록되어 있습니다."

이를 통하여 기록하는 자는 생존하고, 기록하지 않고 머릿속으로만 기억하고 있다가 망각한 자는 처벌받는 결과를 가져왔다.

간부로서 유능하다 무능하다의 차이는 사소한 일이라고 치부될 수도 있는 '기록하는 습관'에 있다.

군 간부로 시작하는 처음부터 명예롭게 전역하는 그 날까지 자신만의 기록을 남기는 것도 멋진 삶이 아닐 수 없다. 기록은 자신의 역사가 될 뿐만 아니라, 소중한 국가의 기록유산이 될 수 있다.

군대, 인생의 걸림돌이 아닌 디딤돌로 활용하자

나는 내 돈 한 푼 들이지 않고 대학을 다녔고 졸업과 동시에 소위로 임관하였다. 군 생활을 하면서 집 걱정 없이 살았고, 서울대학교와 국방대학교에서 석사학위와 박사학위도 취득했다. 그리고 20년간 군 복무 후 중령으로 전역했다. 전역하는 순간부터 군인연금을 받고 있다. 이러한 혜택과 기회는 장교, 부사관 등 신분과는 관계없이 군인공무원 누구에게나 공평하게 주어진다.

군에서 20년을 경험했던 사람으로서 그 혜택을 고스란히 누린 인생의 선배로서 군인이란 직업을 나만 알고 있기는 너무 아까웠다. 군인이라는 공무원은 여러분들이 생각하는 것 이상으로 괜찮은 직업이다. 군인이라는 직업을 제대로 알리기 위해 이 책을 썼다.

'카이로스'는 그리스 로마 신화에 나오는 기회의 신의 이름이다. 제우스의 아들인 카이로스는 앞머리가 길어서 사람들은 그가 누구인지 알아보기 힘이 들지만 그를 확인하는 순간 사람들은 그의

긴 머리를 쉽게 잡을 수 있다.

하지만 우물쭈물하다가는 그를 잡는 것은 불가능하다. 그의 뒷머리는 대머리로 되어 있어 잡기가 힘들고, 발과 어깨에는 날개가 달려있어서 순식간에 사라진다. 카이로스를 기회의 신이라고 부르는 이유다.

인생을 사는 동안 최소한 몇 번의 기회와 마주치게 된다. 카이로스의 얼굴처럼 그것이 기회인지 아닌지 깨닫는 것은 매우 어렵다. 우연한 선택이었지만 나중에 알고 보니 그것이 기회였다고 생각되는 경우가 많다. 나에게는 군인이란 직업의 선택이 바로 그랬다.

대한민국 남자라면 누구나 최소한 2년에 가까운 시간을 군에서 보내야 한다. 자신의 선택에 따라 병으로 갈 수도 있고, 부사관이나 장교로 갈 수도 있다. 똑같은 시간을 보내야만 한다면 내 인생의 첫 번째 직업으로 군인을 선택해 볼 것을 적극 권한다.

병사와 간부(장교, 부사관)는 하는 일이 다르다. 누군가를 관리하는 것과 누군가의 관리를 받는 것은 차원이 다른 이야기다. 어린 나이에 사람을 관리하는 경험은 자신을 한 단계 업그레이드 할 수 있는 좋은 기회다. 군이나 사회나 조직이 돌아가는 원리는 매한가지다. 군대도 작은 사회와 동일하다.

다양한 업무와 부하를 관리하는 경험을 통해서 2년 동안 수많은 노하우와 기술을 익힐 수 있다. 군 생활이 적성에 맞다면 그때 가서 군인공무원의 길을 선택해도 늦지 않다.

문재인 정부의 첫 번째 공약은 청년 일자리 창출이다. 이 정부가 지속되는 한 공무원 채용인원이 늘어나는 만큼 군인 선발인원도 늘어날 것이다. 앞으로 5년간이 절호의 기회인 것이다. 공무원이 되고 싶다면 향후 5년간 당신의 모든 역량을 쏟아야 한다.

부사관이나 장교 시험은 준비기간이 몇 개월에 불과하다. 이 책을 손에서 놓은 순간 시작해도 결코 늦지 않다. 잘 알려지지 않은 틈새시장이기 때문이다. 군인공무원에 대한 진실이 세상에 알려지는 순간 기회는 카이로스의 날갯짓처럼 빠르게 사라질 것이다.

  공무원이 되고 싶은데 속이 갑갑한 사람이 있는가?
  오랜 시험준비 기간으로 지친 사람이 있는가?
  그렇다면 여러분들에게 군인의 길을 추천한다. 당신의 모든 갈증을 시원하게 해결해줄 것이다.

  군대, 인생의 걸림돌이 아닌 디딤돌로 활용하자!

참고
자료

군인의 계급

~~~~~~~~~~~~~~~~~~~~~~~~~~~~~~~~~~~~~

군인의 계급은 육군, 해군, 공군 가릴 것 없이 모두 동일하며 아래 나온 계급별로 의미를 담고 있다.

🔍 군인의 계급

‥ 부사관

굳건한 기초 위에 자라나는 나뭇가지를 형상화한 것으로 자라나는 나무처럼 전문화된 기술, 숙련된 전투력 개발능력의 축적을 나타낸다. 부사관 시험에 합격하면 하사로 임관한다.

하사	중사	상사	원사

‥ 위관장교

마름모의 금강석(다이아몬드)을 상징하는 것으로 가장 단단하면서 깨어지지 않는 특성을 초급장교로서 국가 수호의 굳건한 의지로 표현하였다. 장교 시험에 합격하면 대부분 소위로 임관한다.

준위	소위	중위	대위

·· 영관장교

영관의 대나무는 사계절 항상 푸르름과 굳건한 기상 그리고 절개를 상징한다.

소령	중령	대령

·· 장군

장군의 별은 스스로 빛을 내는 천체로서 군에서의 모든 경륜을 익힌 완숙한 존재임을 상징한다.

준장	소장	중장	대장

군인의 병과

병과(兵科)란 군인이 수행하는 임무를 분류한 것으로서 쉽게 말하면 군인들의 '전공'이다. 군별 특성이 다르기 때문에 해당 군에만 있는 병과도 있지만, 대부분의 업무가 유사하므로 병과도 유사하다. 각 군에서는 장교와 부사관으로 구분하여 병과를 관리하고 있다.

🔍 육군의 병과

·· 장교

구분		병과
기본 병과	전투병과	보병, 포병, 기갑, 방공, 정보, 공병, 정보통신
	기술병과	화학, 병기, 병참, 수송
	행정병과	인사행정, 헌병, 재정, 정훈
특수 병과	의무	군의, 치의, 수의, 의정, 간호
	법무	법무
	군종	군종

·· 부사관

병과	세부 특기	주요업무
보병	일반보병	소형화기를 다루며, 분대장·부소대장 임무 수행
	특전보병	특수전사령부에서 임무수행
	특공보병	특공연대 및 수색대대에서 임무수행

기갑	전차승무	전차 조종수 및 포수 임무수행
	전차정비	전차에 대한 전차, 포탑, 통신장비 정비 임무수행
	장갑차	장갑차 승무 및 정비 임무
포병	야전포병	자주포 또는 견인포 운용 및 포반(분대) 지휘
	로켓포병	다련장, MLRS, 현무 등 로켓 또는 미사일 운용, 관리
	포병표적	포병 사격에 필요한 제원산출, 작전통제
방공	방공무기 운용	발칸포, 오리콘포, 비호 운용/정비, 방공작전통제, 휴대용 유도탄, 천마, 저고도 탐지레이더 운용/정비
정보	인간정보	전투정보, 심리전, 특수정보, 정찰, 보안
	신호정보	특수통신정보, ES운용, EA운용, 영상정보 무인항공 정찰기 운용, 감시장비 운용
	영상정보	정상정보, 무인항공정찰기 운용, 감시장비 운용
	기무	보안
공병	전투공병	야전공병, 야전건설, 지뢰설치 제거, 폭파
	시설공병	목공, 측량, 제도, 소방장비, 급수 배관 및 보일러, 전기공사, 환경시설관리
	공병장비 운용 및 정비	지형분석, 관재, 전투장갑도자 운용, 교량전차 조종, 교량가설 보트 운전, 굴삭기 운용, 중장비 정비
정보 통신	전술통신 운용	야전통신, 무선전송장비, 전투무선망장비 운용/정비, 영상음향장비 운용/정비, 위성 운용 등
	특수통신 운용	레이다 운용/정비, 사진운용, 암호
	정보체계 운용	전술C4I 운용/정비, 네트워크 운용/정비, 정보체계 운용/정비, 정보보호, SW개발
항공	항공운항	항공운항/관제
	헬기정비	소형 공격헬기, 중형 공격헬기, 소형 기동헬기 정비, 헬기장착 무장 정비, 중·대형 기동헬기 정비
	헬기수리	헬기기체, 헬기기관, 헬기계기 수리, 헬기장착 유도무기·총포·동신선사 상비 수리
화학	화생방작전	화학, 화생방 작전 통제, 연막, 화학제독, 화학탐측
병참	일반물자 보급	부대보급, 일반물자 저장 관리, 의무보급, 공구보급, 유류관리, 유류시험 일반물자 재고 기록
	조리	주둔지 취사, 야전 취사

병기	대공포 정비	발칸포, 오리콘포, 비호 정비	
	로켓 정비	다련장, MLRS, 현무 정비,	
	유도무기 정비	휴대용 유도탄, 천마, 대전차 유도무기 정비	
	총포정비	총기정비, 화포정비	
	광학/감시 장비 정비	광학기재 정비, 감시장비, 사격통제장치 정비	
	전차/ 장갑차 정비	K계열 전차, M계열 전차, 장갑차 정비	
	자주포 정비	K55 자주포, K9 자주포 정비	
	전술통신 정비	유선장비, 기록 통신장비, 무선장비 정비	
	특수통신 정비	R/D, 전자전장비, 보안장비, 자동화 장비 정비	
	차량 정비	경차량, 중특수차량 정비	
	공병중장비 정비	유압장비, 건설장비, 발전기, 공병 전투장비 정비, 병참장비, 화학장비, 의무장비 정비	
	탄약	탄약관리, 탄약정비, 폭발물처리	
	장비수리부속 관리	장비 보급, 특수무기 보급, 수리부속 보급	
수송	차량운용	경차량, 중형 하이탑형 차량, 중견인차량 운전 물자취급 장비, 경장갑차 운전, 차량정비	
	이동관리	수송이동 관리	
	항만운용	원치 운용, 선박 운용, 화물 검수	
인사 행정	일반행정	행정/PC 운용, 인쇄	
	군악	목관악기, 금관악기, 타악기, 현악기, 국악	
헌병	헌병	근무헌병	
	수사	수사헌병	
재정		경리행정	
정훈		정훈행정, 시청각 장비 운용	
의무		일반의무, 치과, 수의, 의무시험, X-선 촬영, 약제	
법무		법무행정	
군종		군종행정	

🔍 해군의 병과

·· 장교

병과	주요 임무
함정	함정 운용 및 정비, 군사정보 수집·분석 및 평가, 해상 작전 수행
항공	항공기 운용 및 정비, 해·육상 항공작전(수상함/잠수함전, 특수전 등) 수행
정보통신	정보통신 체계 개발, 획득 및 전력화 지원, 사이버전 대응 및 정보보호 임무, 첨단 정보통신 기술의 군사적 활용
병기	무기체계(함포, 유도/수중무기, 전투체계 등) 운용 및 정비 무기체계 및 탄약(폭발물) 운용/정비/저장/보급
보급	군수품의 소요 산정, 예산요구, 조달 업무 획득된 군수품 저장관리, 분배, 처리 업무
시설	설계·공사 감독 및 유지관리, 항만/활주로 등 주요 작전시설 피해 복구, 상륙작전지원을 위한 임시부두 및 지원시설 건설
조함	함정 사업 및 기술관리 업무, 함정 설계 및 건조감독 업무 운용함정 기술관리 업무, 함정기술 연구발전 업무
재정	예산편성, 예산의 배정, 계약 및 원가계산 등 예산운영 회계직 공무원 업무(재무/지출관, 출납공무원)
정훈	무형의 전투력(정신전력)을 창출하는 정신교육, 해군 홍보, 장병들의 정서순화와 사기를 높이는 문화활동
헌병	군 범죄 예방/수사, 군기/질서유지, 경계 임무, 실체적 진실발견 및 장병 권익 보호, 기초질서 유지 및 군기강 확립활동
의정	(의정) 의료활동에 필요한 의무지원 등 운영업무 수행 (간호) 해군병원 및 의무대 입원, 외래 환자 간호

　　함정병과는 여러 병과가 합하여 탄생한 병과이다. 과거에는 항해 병과, 기관병과, 정보병과로 나누어 따로 관리하였으나 이 세 병과를 통합하여 함정병과로 만든 것이다. 항해병과는 함정 운용과 해상 경비작전을 수행한다. 기관병과는 함정 및 기관장비를 획득, 운

용 및 정비하고 군수영역의 업무를 수행한다. 정보병과는 군사정보를 수집, 분석, 평가, 전파하고 보안 업무를 담당한다.

··· 부사관

해군 부사관의 경우 '직별'이란 용어를 사용한다.

구분	직별
기술/행정계열	갑판, 조타, 전탐, 재무, 행정, 정보, 정훈, 통정, 법무, 헌병, 무장, 사통, 추진기관, 정보통신, 전자, 음탐, 전자전, 전기, 시설, 보수
항공계열	항공조작, 항공통제, 항공전자, 항공무장, 항공장비, 항공기관, 항공기체
기타계열	의무, 조리, 운전, 군악, UDT, SSU

직별	주요 임무
갑판	함정 출·입항 관련 각종 장비를 취급하고, 상륙함 운용법, 조난자 구조법, 함정예인 및 해상보급법 등 각종 갑판기술을 습득하며, 부대제반 행사 보좌, 군기확립 업무 등 부대 운용에 필요한 포괄적 업무를 담당한다.
조타	항해보좌 임무 수행, 항해장비 운용기술과 조타요령 숙달 등 항해사로서 함정을 조종하는 이론과 기술을 습득하며, 작전 및 훈련시 항공기와 함정을 식별하여 시각 전투정보를 제공하고 필요시에는 기상관측 업무를 담당한다.
전탐	전투정보 상황실에서 각종 레이더 및 탐지장비를 운용하고, 일반항해 및 전투, 훈련 상황시 제반 정보를 수집·평가하는 업무를 담당한다.
재무	부대운영에 필요한 물품 및 서비스에 관한 업무수행과 개인에 대한 공여품 공급 및 계약, 예산관리 및 집행, 금전관리 등의 관계서류 작성 및 지불에 관한 업무를 담당한다.
행정	전자문서 처리, 법령 및 규정관리, 행사업무 진행, 인사관계 통계 및 보고, 급여, 복지업무 등 부대 전반적인 인사/행정보좌 업무를 담당한다.
정보	전투정보(적/주변국 첩보수집, 영상판독, 대정보 등), 해양환경자료 수집, 기상 관측·예보, 군사보안 및 암호시스템 관리에 관한 업무를 담당한다.

정훈	군 정신전력의 강화를 통한 필승의 전투의지 고양에 기여하는 업무에 종사한다. 정훈업무의 주된 내용은 기본 정훈교육, 해군 정체성교육, 인성교육 등이며, 보도매체를 통해 널리 알리는 홍보활동 업무를 담당한다.
통정	신호정보(유·무선통신, 음향, 전파)에 관한 참모총장이 지시하는 특수 직무업무를 담당한다.
법무	군사법원 심판, 검찰서기로 근무하며 군사법원법에 따라 검찰수사 및 재판업무에 종사하고 군 사법 행정업무를 담당한다.
헌병	부대 재산보호 및 각종 군 범죄를 예방하고 군사법원법에 의하여 군 사법경찰관으로 범죄수사 업무를 담당하며, 각종 경호 및 호송임무 수행 또는 기지경계 임무를 담당한다.
무장	해상화기, 지상화기, 탄약/폭발물, 유도·수중무기, 화생방 장비·물자 및 관련 장비·장치·수리부속 등에 대한 운용·정비에 관한 업무를 담당한다.
사통	사격통제체계, 전투체계, 유도탄 조사기 및 이와 관련된 장비·장치·수리부속 등에 대한 운용·정비에 관한 업무를 담당한다.
추진기관	가스터빈, 내연기관 및 부속장치와 조작계통, 전기계통, 보일러 계통, 보기, 냉동장치, 통풍장치 등에 대한 운용·정비에 관한 업무를 담당한다.
정보통신	위성통신장비, 디지털전문처리체계, 네트워크 중심의 정보통신기반체계, 유·무선 통신장비, 전산기 및 주변장치 운용·정비에 관한 업무를 담당한다.
전자	최첨단 정보화시대의 핵심인 제반 전자·정보통신 분야의 장비를 효율적으로 운용/정비하는 업무를 담당한다.
음탐	음파를 이용하여 물체를 탐지하는 음탐기 및 수중 정보장비를 운용·정비하는 임무를 수행하며, 잠수함 및 기뢰를 탐지하는 능동 음탐기와 소음을 접촉하여 표적을 탐지 및 식별하는 수동 음탐기를 운용하여 각종 정보를 수집·분석하여 대잠전 및 대기뢰전 등에 있어서 중추적인 역할을 담당한다.
전자전	각종 전자정보를 수집, 분석, 식별, 평가, 필요시 전자 대항책을 실시하며, 전자전 장비를 정비 유지하는 업무를 담당한다.
전기	전동기, 발전기, 자이로 등에 대한 운용유지·수리 및 기타 전기장치·회로, 추진제어 계통 등에 대한 검사유지·수리에 관한 업무를 담당한다.
시설	해·육상 시설물에 관한 업무, 시설공사 설계 및 공사관리 업무, 시설물의 품질관리 및 공사감리 업무를 담당한다.
보수	함정의 수리 및 정비업무 위주로 수리, 용접, 배관설비, 공작기계를 이용한 수리 부속품 가공 및 화재, 침수, 선체 파손시 손상을 복구하여 함 안전과 전투력을 유지시키는 업무를 담당한다.

항공조작	항공기에 탑승하여 기동헬기, 대잠헬기, 대공 표적예인기, P-3C 기관 장비조작, 탐지장비 조작, 탑재무장 투하 및 전자 장비수리 등의 조작 업무를 담당한다.
항공통제	군 공항에 배치되어 항공 관제업무(레이더 관제 및 관제탑 관제, 비행계획서, 공항시설물 관리 및 항공기 운항관리)를 담당한다.
항공전자	항공기 탑재 전자 장비의 정비와 군수품 관리, 정밀측정 장비의 관리 유지 업무를 담당한다.
항공무장	고정익 및 회전익 항공기의 무장 장·탈착, 항공기 무장계통의 정비 및 항공탄약의 관리 유지 업무를 담당한다.
항공장비	항공기 부품에 대한 비파괴검사 담당, 항공기 판금 및 특수용접을 이용하여 부대 및 야전급 구조수리 담당, 항공기 지상지원 장비 지원 및 정비담당, 항공기용 구명대 및 구명정/낙하산 정비담당
항공기관	항공기 엔진 계통(오일, 연료 및 시동계통)의 점검, 주기검사, 엔진 모듈 분해/조립 및 외주정비 엔진 TEST 등의 정비 업무를 담당한다.
항공기체	항공기에 대한 기체, 전기, 계기, 유압, 여압, 계통 등의 정비 업무를 담당한다.
의무	군의관의 보좌요원으로서 각종 부상에 대한 예방과 치료를 하고, 장병의 신체검사를 보좌하는 업무를 수행한다. 또한 부대의 위생상태를 관리 감독하는 업무를 담당한다.
조리	부대의 영양사로서 부대원의 식단작성, 식당 위생관리 및 급식에 관계되는 제반물품을 청구, 수령 및 보관 업무를 담당한다.
운전	각종 자동차와 건설장비의 운전 및 정비능력을 배양하여 수송지원과 차량관리 업무를 수행하며, 육군·철도·항공 수송계획, 배차 장비도입, 도태 등 수송부 관리 업무를 담당한다.
군악	군대의식, 음악회 및 기타 행사에서 음악을 연주하는 취주 군악대 및 관현악단의 일원으로 6개 혹은 그 이상의 취주악기, 건반악기, 타악기 및 목관악기 등을 연주하고, 음악을 편곡하고 악보 작성 업무를 담당한다.
UDT	특전부사관은 참모총장이 지시하는 특수한 직무를 수행한다.
SSU	잠수부사관은 각종 해난구조 임무를 수행하며, 항만 및 수로상 장애물 제거, 수중폭파의 임무를 가지며 또한 모든 잠수장비 등을 사용하며 정비 유지하는 업무를 담당한다.

🔍 공군의 병과

공군에서는 특기로 관리한다.

구분	내용
장교 (18개 특기)	조종, 운항관제, 방공통제, 방공포병, 기상, 정보통신, 항공무기정비, 보급수송, 항공시설·화학, 재정, 인사교육, 정훈, 정보, 헌병, 법무, 군종, 의무, 어학
부사관 (53개 특기)	(17개 특기군) 항공통제, 방공포병, 구조, 안전, 무기정비, 보급수송, 시설, 재정, 총무, 군악, 정보, 정훈, 법무, 의무 등 (53개 특기) 항공통제, 단·중거리유도무기운용, 항공구조, 항공안전, 정밀측정장비정비, 일반보급, 항공시설, 회계, 총무, 군악, 항공정보운영, 정훈, 법무서기, 항공의무 등

·· 장교

병과	특기	주요 임무
전투	조종	항공기 조종
	운항관제	비행단 관제중대장으로서 기지 항공관제 표준화 관리 능력을 배양, 비행단 운영계장으로서 운항 및 관제 관련 지식을 숙지하고 각종 행정업무 절차를 이해
	방공통제	방공무기 통제사로서 방공관제 작전부대에서 한국방공식별구역 내 요격관제, 무기운영 및 항법 보조 임무를 수행하며 비행안전을 위한 항공기 간 항적 분리업무 수행
	방공포병	방공포병 운영 장교로서 방공유도탄포대 및 비행단 대공방어대 작전통제장교·소대장으로 작전·훈련 임무 수행 및 조원 통제 임무 수행

기술 전문	기상	비행단 기상대 예보관으로서 브리핑 및 기상 지원 업무 수행, 일기도 및 수치예보자료, 위성·레이더 영상 분석을 통한 예보자료 작성
	정보통신	정보통신 관련 S/W개발, 정보체계 운영 및 정보통신 장비관리, 정보통신망 운영, 전산소 S/W개발, 통신·전자·전산 운영/관리 업무
	항공무기 정비	항공기 일선 정비 및 무장지원 운영/관리 항공기, 기관, 항전계통에 대한 부대/야전정비 운영 탄약 야전정비, 저장/수불관리, 폭발물처리 운영/관리 등
	보급수송	군수품 청구, 검수, 수령, 저장, 분배·처리 및 계정관리, 유류 수불, 저장, 품질관리, 시설물 및 급유차량 관리, 식품 검수, 급식 운영 및 관리, 보급창고·유류저장고 관리, 수송 업무 및 운영관리
	항공시설· 화학	시설 : 시설 작전업무/사업관리/시설물 유지보수 화학 : 화생방 관련 업무
	재정	정부예산의 효율적인 집행 및 통제를 위한 관련 업무를 담당하며, 국방예산·자금의 획득·배분, 집행·결산, 분석·평가 및 감사 등 업무 원가계산, 입찰공고 및 계약체결 등의 업무수행
	인사교육	공군장병의 인력관리, 인사관리, 인사근무, 예비역 관리, 행정업무, 교육부대 교관요원 및 교육훈련 주관
	정훈	문화 홍보업무 운영, 정신교육 운영, 보도자료 작성 및 보도사진 촬영 – 언론대응 및 취재지원
	정보	최신 북한 군사/비군사 위협에 대한 정보지원, 한·미 연합 정보 수집을 통한 작전 지원, 전시 공격 표적에 대한 정보지원, 조종사 생환훈련교육/낙하산 강하훈련 교육 등
	헌병	기지경계, 기지방어, 군견 취급 및 관리, 출입통제, 행사지원 및 교통정리, 범죄예방 및 수사, 교도관리, 특수임무 등의 업무를 수행
특수	법무	군내 법무 업무
	군종	군내 종교 업무
	의무	의무부대 행정·관리 업무 수행
어학	어학	어학능력 활용

·· 부사관

구분		주요 임무
일반	항공관제	항공기 이착륙 허가와 라인 내 차량 및 인원 통제, 관제권 내 항공기 근접 조우업무 수행
	항공운항	운항관리 업무, 항공운항 일반지원업무, 항공운항 비행지원 업무
	항공통제	방공관제 작전부대에서의 공중감시, 식별, 요격관제 업무 수행
	중·단거리 유도무기운용	방공 유도탄 포대 중거리 유도무기 및 단거리 대공무기 운용
	장거리 유도무기운용	패트리어트 사격통제장비 작전통제 보좌관(TCA) 또는 발사 장비운용 부사관으로서 항공기 및 탄도탄 방어 임무 수행
	항공안전	안전관리 및 검열·감사·공직기강 확립을 위한 안전관리 활동 전개 및 직무기강 감찰 업무 수행
	항공기상분석	군 작전의 성공적 임무완수와 신속/정확한 기상정보 제공을 위해 각종 기상요소를 관측하고 지원
	항공장구정비	조종사 비행/생환장구 검사, 포장, 수리 및 개인용/감속용/화물용 낙하산 검사, 포장 등 정비업무 수행
	일반보급	군수품 지원 및 관리, 유류저장 및 품질관리, 급식관리 업무 수행
	항공운수	수송방편(육로, 철도, 해상, 항공)별 적·하역장비 운영 및 물자포장 업무, 수송근무지원 업무 수행
	기재보급	보급관리 및 보급전산 체계를 활용한 군수품 관리 업무
	항공소방	비행단 항공기 초과 저지장비 운영, 화재 예방, 소방시설 점검, 화재진압, 항공기 소방구조 업무 등
	회계	정부예산의 효율적인 집행 및 통제를 위한 관련업무 및 복지단 지구대 관리 업무 수행
	총무	공군장병의 인사관리, 인사기록, 인사근무지원, 교육지원 및 행정지원 업무 수행
	정훈	정훈/영상홍보 담당으로 정훈 공보업무 및 시진·영상입무 수행
	항공정보운영	군사력 계획과 운용을 위해 필요한 정보의 획득, 분석, 생산과 관련된 제반 업무 수행

일반	특수정보	특수정보 자료의 수집, 수집된 자료의 일반적인 식별 및 외국 특수정보 자료의 수집, 기록 및 번역을 하여 분석하는 업무 담당
	헌병	기지경계, 기지방어, 군견 취급 및 관리, 출입통제, 행사지원 및 교통정리, 범죄예방 및 수사, 교도관리, 특수임무 등의 업무 수행
통신 전자	항공기상장비 정비	항공작전의 효율적인 임무 완수와 신속, 정확한 기상정보 제공을 위해 기상장비를 정비/관리 업무 수행
	지상레이더 체계 정비	항공기 유도 및 이·착륙 관제를 지원하는 레이더정비 업무 및 방공관제 작전을 지원하는 적아식별용 레이더 정비 업무 수행
	광역전송체계 정비	유·무선 통신장비, 군 위성 통신장비, 전술이동장거리 통신장비 운영/정비업무
	무선통신체계 정비	무선통신장비 정비 및 항행안전무선 시설과 기지통신망 유지보수 업무 수행
	전술항공통신 체계 정비	전술항공 통신차량 관리, 운전 및 정비 업무수행, 전술항공 통신 장비 운영
	유선통신 체계 정비	광케이블, 광통신 시스템, 전자교환 시스템, 네트워크 체계, 무선네트워크 체계 등의 운영과 정비, 네트워크 정보보호사 업무
	항공통신항법 장비정비	항공기에 장착된 통신항법장비 예방정비 및 결함 발생시 고장탐구를 통한 결함 정비 업무 수행
	항공전자전 장비 정비	항공기에 장착된 전자전장비 예방정비 및 결함 발생시 고장탐구를 통한 결함정비 업무 수행
	항공전산장비 정비	ATE(자동점검장비), Simulator(모의비행훈련장치)장비의 유지보수 및 운영 업무 수행
	항공전자제어 장비정비	항공기 레이더계통, 조종석 시현 장치 및 전자광학계통에 대한 정비 업무 수행
	계기/비행 조종장비정비	비행계기, 나침계기, 기관계기 등 계기 계통에 대한 정비 업무, 비행조종 계통/비행 기록장치 계통에 대한 정비 업무 수행
	정밀측정장비 정비	정밀측정 장비에 대한 교정/수리를 수행하여 무기체계에 대한 정밀·정확도유지 및 신뢰도 보장업무 수행
	항공기 무기정비	항공무기 장착, 장탈 업무수행과 무장관련 계통 정비업무 수행
	항공탄약정비	항공폭탄, 확산탄, 로켓, 공대지/공대공 유도 미사일 등 각종 항공탄약 검사, 점검, 저장, 조립 및 분해, 정비업무 수행

통신전자	방공유도무기 발사정비	비행단 대공 방어대 및 방공유도탄 포대 정비지원 장비관리, 예방정비 및 결함정비
	방공유도무기 레이더정비	방공유도탄 포대 및 정비대에서 레이더 유지보수 업무수행
	방공유도무기 사격통제정비	방공유도탄 포대 사격통제 장비 정비업무 및 야전정비 지원 업무 수행
전산	정보체계관리	주전산기 관리 및 정보체계 지원 유지보수 / 운영 업무 수행
	보안체계관리	비행단급 이상 부대에서 암호전문처리 및 암호장비정비관리 업무 수행
전기	항공기전기 장치 정비	전기계통 정비지원 및 수리부속 정비지원 등 야전급 정비업 무를 수행하고 정비창에서는 항공기 전기부품 완전재생 및 부분 재생정비에 해당하는 창급 정비업무 수행
	전력운영	비행단급 시설대(대) 및 관제대대/방공포대 전력지원시설 유지보수 및 운영관리 업무 수행
기계	항공기 공유압 정비	유압계통 정비지원 및 수리부속 정비지원 등 야전급 정비 업무 수행, 항공기 공유압 부품 완전재생 및 부분재생 정비 업무
	항공기 지상 장비 정비	항공기 시동장비(가스터빈 발전기), 발전기, 공기압축기, 가열기, 조명등, 액체산소 생산장비 등 항공기 비행 및 계통 점검에 필요한 지상장비 관리 및 정비 업무
	항공기 기체정비	예방정비에 해당하는 부대급 정비 및 교정정비에 해당하는 야전급 정비 업무를 수행하고, 정비창에서는 완전복구 및 재생 정비에 해당하는 창급 정비 업무 수행
	항공기 기관정비	항공기 기관정비 및 기관운영 등 항공기 기관관리 업무 수행
	항공기 제작정비	항공기 기골수리 및 각종 부분품 제작, 엔진 부분품 수리, 방부관리를 통한 정비 업무
	비파괴검사	항공기 기체 및 엔진, 부품 등을 파괴하지 않고 내·외부 결함 검사 업무 수행
	항공설비	비행단급 시설대(대) 및 관제대대/방공포대 설비운영 관리담 당자로 난·냉방 장치, 설비용접, 배관설비 업무 수행
시설	항공시설	활주로 피해복구, 건설장비 대한 운영 및 정비 업무, 시설물 유지보수 및 작업관리, 설계 및 설계서 작성, 시공 및 공사감독
화학	화학	부대별 가용 자산을 이용하여 화생방작용제의 방호, 탐측, 제독작전 등의 화생방 방호작전 업무 수행

차량	수송운영	비행단급 수송대(대) 및 관제대대/방공포대 차량지원과 정비 업무 수행
의무	의무	공중근무자 신체검사 및 비행환경적응훈련 등 각종 장비 유지보수 업무
군악	군악	각종 의전 및 군내·대민 행사시 군악 연주 지원
공통	항공구조	조난 전투 조종사 및 주요 요인에 대한 안전생환 임무수행, 응급치료 및 도피기법을 지원하고 복귀시키는 구조 전문가

육군 장교 및 부사관 평가 기준과 시험 예문

🔍 장교 평가 요소별 기준

구분	계	선발평가	대학성적	체력검정	면접평가	신체,인성, 신원조사
비율(%)	100	30~40	10~20	15~30	20~30	합·불

🔍 부사관 평가 요소별 기준

구분	계	1차 평가(60)			2차 평가(40)		
		필기 평가	국사 평가	직무 수행 능력	체력검정	면접	인성, 신체, 신원조사
배점	100	27	3	30	10	30	합·불

🔍 필기평가 구성

구분	계	지적 능력 평가	국사	직무 성격 검사	상황 판단 검사
문항 수	308문항	93문항	20문항	180문항	15문항
제한시간	133분	58분	25분	30분	20분

·· 평가 세부내용

구분		평가 내용
지적 능력 평가	언어능력	·언어로 제시된 자료를 논리적으로 추론하고, 분석하는 능력을 측정하기 위한 검사로 어휘력 검사, 언어추리 및 독해 검사로 구성 ·어휘력 검사는 문맥에 가장 적합한 어휘를 찾아내는 문제로 구성, 언어추리 검사와 독해력 검사는 글의 전반적인 흐름을 파악하고 논리적 구조를 올바르게 분석한 것을 고르거나 배열하는 문제로 구성
	자료해석	·주어진 통계표, 도표, 그래프 등을 이용하여 문제를 해결하는 데 필요한 정보를 파악하고 분석하는 능력
	공간능력	·주어진 지도를 보고 목표지점의 위치와 방향을 정확하게 찾아낼 수 있는 능력을 측정
	지각속도	·눈으로 직접 읽고 문제를 해결하는 지각 속도를 측정하는 검사
직무성격 검사		· 개인의 의견이나 행동을 나타내는 문항으로 구성
상황판단 검사		· 제시된 상황 시나리오에 대해 대처하는 문항으로 구성

육군 필기평가 예시문항

○육군 간부선발 시 적용하고 있는 필기평가 중 지원자들이 생소하게 생각하고 있는 지적능력평가의 예시 문항들은 공지하오니 참고 바랍니다.

○지적능력평가의 하위 검사별 문항수와 제한시간은 아래와 같습니다.

구 분	계	공간능력	언어논리	자료해석	지각속도
문 항	93문항	18문항	25문항	20문항	30문항
시 간	58분	10분	20분	25분	3분

※ 본 자료는 참고 목적으로 제공되는 예시 문항으로서 각 하위검사별 난이도, 세부 유형 및 문항 수는 차후 변경될 수 있습니다. 본 자료는 육군(www.army.mil.kr) 자료실에서 가져왔습니다.

🔍 지적능력 평가(예시)

‥ 1. 공간능력검사(예시)

[유형 ①] 다음 입체도형의 전개도로 알맞은 것은?

* 입체도형을 전개하여 전개도를 만들 때, 전개도에 표시된 그림(예: **II**, ⬜ 등)은 회전의 효과를 반영함. 즉, 본 문제의 풀이과정에서 보기의 전개도 상에 표시된 "**II**"와 "**=**"은 서로 다른 것으로 취급함.

* 단, 기호 및 문자(예: ☎, ♤, ♨, K, H)의 회전에 의한 효과는 본 문제의 풀이과정에 반영하지 않음. 즉, 입체도형을 펼쳐 전개도를 만들었을 때에 "☎"의 방향으로 나타나는 기호 및 문자도 보기에서는 "☎"방향으로 표시하며 동일한 것으로 취급함.

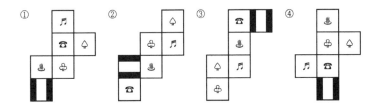

[유형 ②] 다음 전개도로 만든 입체도형에 해당하는 것은?

* 전개도를 접을 때 전개도 상의 그림, 기호, 문자가 입체도형의 겉면에 표시되는 방향으로 접음
* 전개도를 접어 입체도형을 만들 때, 전개도에 표시된 그림(예: ▌▌, ☐ 등)은 회전의 효과를 반영함. 즉, 본 문제의 풀이과정에서 보기의 전개도 상에 표시된 "▌▌"와 "☰"은 서로 다른 것으로 취급함.
* 단, 기호 및 문자(예: ☎, ♨, ♨, K, H)의 회전에 의한 효과는 본 문제의 풀이과정에 반영하지 않음. 즉, 전개도를 접어 입체도형을 만들었을 때에 "⊞"의 방향으로 나타나는 기호 및 문자도 보기에서는 "⊞"방향으로 표시하며 동일한 것으로 취급함.

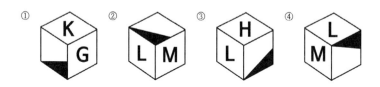

[유형 ③] 아래에 제시된 그림과 같이 쌓기 위해 필요한 블록의 수는?

* 블록은 모양과 크기는 모두 동일한 정육면체임

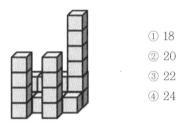

① 18
② 20
③ 22
④ 24

[유형 ④] 아래에 제시된 블록들을 화살표 표시한 방향에서 바라봤을 때의 모양으로 알맞은 것은?

* 블록은 모양과 크기는 모두 동일한 정육면체임
* 바라보는 시선의 방향은 블록의 면과 수직을 이루며 원근에 의해 블록이 작게 보이는 효과는 고려하지 않음

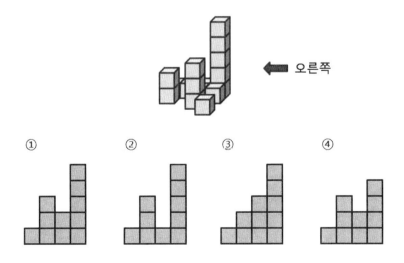

← 오른쪽

①   ②   ③   ④

가. 어휘력

다음 문장의 문맥상 ( )안에 들어갈 단어로 가장 적절한 것은?

계속되는 이순신 장군의 공세에 (   )같던 왜 수군의 수비에도 구멍이 뚫리기 시작했다.

① 등용문   ② 청사진   ③ 철옹성   ④ 풍운아   ⑤ 불야성

나. 독해력

다음 ㉠~㉤중 다음 글의 통일성을 해치는 것은?

㉠21세기의 전쟁은 기름을 확보하기 위해서가 아니라 물을 확보하기 위해서 벌어질 것이라는 예측이 있다. ㉡우리가 심각하게 인식하지 못하고 있지만 사실 물 부족 문제는 심각한 수준이라고 할 수 있다. ㉢실제로 아프리카와 중동 등지에서는 이미 약 3억 명이 심각한 물 부족을 겪고 있는데, 2050년이 되면 전 세계 인구의 3분의 2가 물 부족 사태에 직면할 것이라는 예측도 나오고 있다. ㉣그러나 물 소비량은 생활수준이 향상되면서 급격하게 늘어 현재 우리가 사용하는 물의 양은 20세기 초보다 7배, 지난 20년간에는 2배가 증가했다. ㉤또한 일부 건설 현장에서는 오염된 폐수를 정화 처리하지 않고 그대로 강으로 방류하는 잘못을 저지르고 있다.

① ㉠   ② ㉡   ③ ㉢   ④ ㉣   ⑤ ㉤

다음은 국가별 수출액 지수를 나타낸 그림이다. 2000년에 비하여 2006년의 수입량이 가장 크게 증가한 국가는?

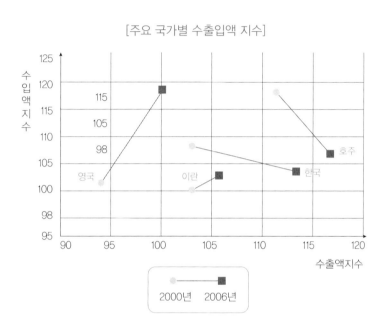

[주요 국가별 수출입액 지수]

* 수출입액 지수는 1999년을 100으로 하여 표시한 것이다.

① 영국　② 이란　③ 한국　④ 호주

[유형 ①] 아래의 문제 유형은 일련의 문자, 숫자, 기호의 짝을 제시한 후 특정한 문자에 해당되는 코드를 빠르게 선택하는 문제입니다.

아래 [보기]의 왼쪽과 오른쪽 기호의 대응을 참고하여 각 문제의 대응이 같으면 답안지에 '① 맞음'을, 틀리면 '② 틀림'을 선택하시오.

[보기]

a = 강	b = 응	c = 산	d = 전
e = 남	f = 도	g = 길	h = 아

1) 강 응 산 전 남 - a b c d e
❶ 맞음　② 틀림

2) 강 도 산 전 남 - a b c d e
① 맞음　❷ 틀림

3) 전 남 도 산 아 - d e f c h
❶ 맞음　② 틀림

4) 도 산 강 아 남 - f c a h b
① 맞음　❷ 틀림

[유형 ②] 아래의 문제 유형은 제시된 문자군, 문장, 숫자 중 특정한 문자혹은 숫자의 개수를 빠르게 세어 표시하는 문제입니다.

다음의 〈보기〉에서 각 문제의 왼쪽에 표시된 굵은 글씨체의 기호, 문자, 숫자의 갯수를 모두 세어 오른쪽 개수에서 찾으시오.

		〈보기〉	갯수
1)	3	30206420682048720387307205040673	①2개 ❷4개 ③6개 ④8개
2)	ㄴ	나의 살던 고향은 꽃피는 산골	①2개 ②4개 ❸6개 ④8개

취업의 틈새시장!

군인공무원

초판 1쇄   2017년 12월 11일

지은이   김동욱, 정대용
발행인   김재홍
디자인   이슬기
교정 · 교열   김진섭
마케팅   이연실

발행처   도서출판 지식공감
등록번호   제396-2012-000018호
주소   경기도 고양시 일산동구 견달산로225번길 112
전화   02-3141-2700
팩스   02-322-3089
홈페이지   www.bookdaum.com

가격   13,000원
ISBN   979-11-5622-332-0 03190

CIP제어번호   CIP2017031981
이 도서의 국립중앙도서관 출판예정도서목록(CIP)은 서지정보유통지원시스템 홈페이지(http://seoji.nl.go.kr)
와 국가자료공동목록시스템(http://www.nl.go.kr/kolisnet)에서 이용하실 수 있습니다.